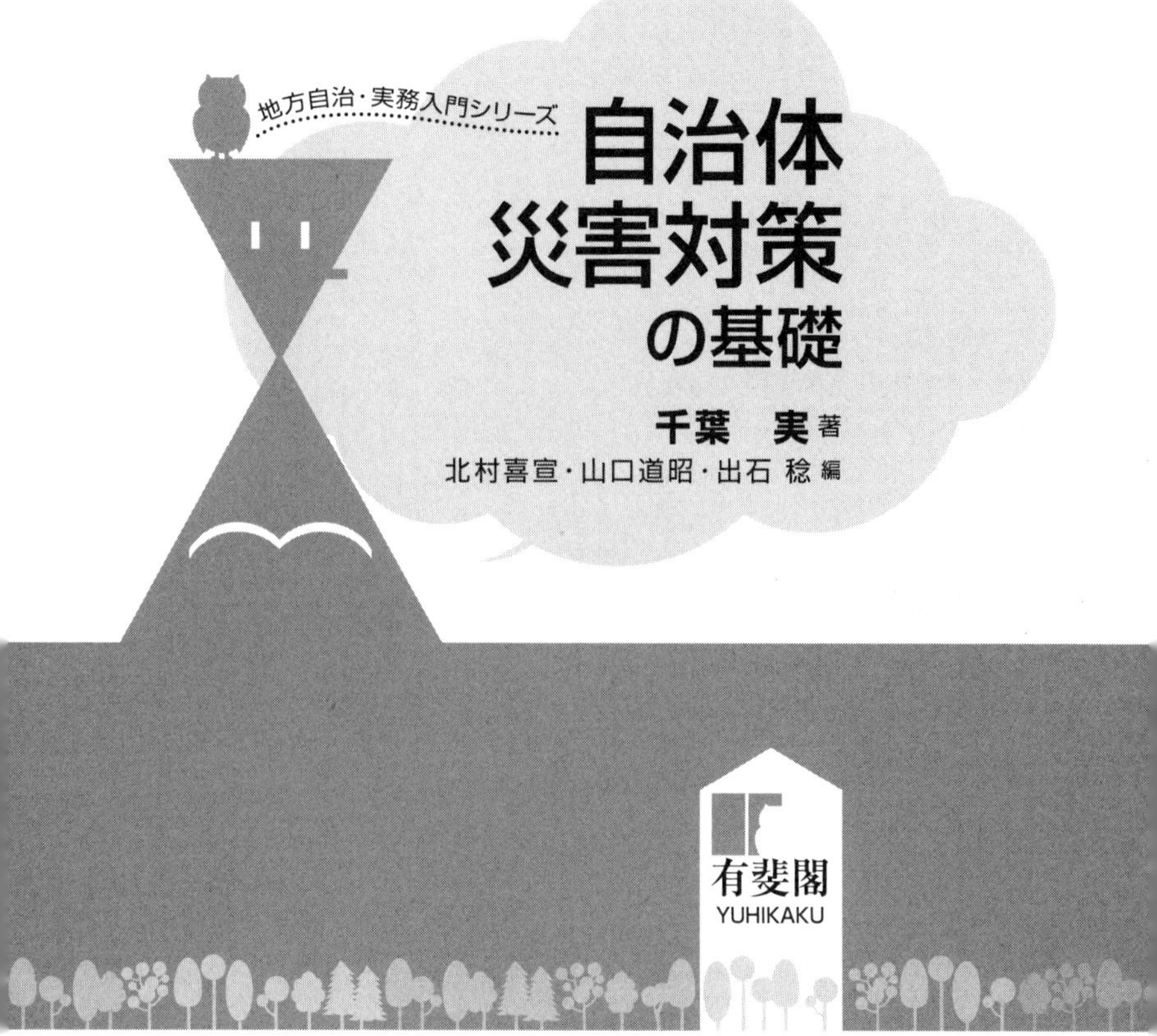

地方自治・実務入門シリーズ

自治体災害対策の基礎

千葉　実 著

北村喜宣・山口道昭・出石　稔 編

有斐閣
YUHIKAKU

「地方自治・実務入門シリーズ」の刊行にあたって

およそ自治体職員であれば、入庁時、「宣誓書」に署名押印をしたはずである。この文書は、「職員の服務の宣誓に関する条例」の別記様式として規定されているのが一般的である。条例であって要綱ではない。すなわち、職員は、日本国憲法の尊重・擁護、地方自治の本旨を踏まえた公務の民主的・能率的運営を誠実・公正に行うことを、ほかならぬ住民に対して誓ったのである。

この内容の意味を、地方分権時代の今、改めて考えてみたい。

二〇〇〇年施行の地方分権一括法により実現された分権改革は、「第三の改革」と称されるほどのとてつもなく大きな潜在的力を有するものである。当時は、国と自治体の関係について、「上下主従から対等協力へ」という表現が多用された。ところが、現実に両者の関係を規律している法律は、改革以前に制定されたときの姿のままに存続している。このため、改革に消極的な立場からは、「法律通りにしなければ違法である」というように、改革の成果を意図的に矮小化するような言説さえ発せられる。

しかし、国と自治体との間に適切な役割分担がされるべきであるのは、目標なのではなく規範である。法令がそのようになっていないのであれば、そうであるように自治的に解釈・運用しなければ、憲法を尊重・擁護したことにはならない。全体の奉仕者として、市民の福祉向上のために仕事をする自治体職員は、この点について自覚的である必要がある。そして、自治体職員は、それが可能になるような力をつける必要がある。

「地方自治・実務入門シリーズ」と題するこの企画は、全体として、若手・中堅と呼ばれる層の自治体職員を主たる読者対象とし、その基礎力の養成に資することを目標にしている。各巻においては、職員が取り組むべき分野に関する法システムの全体像が的確に提示され、地方自治の本旨を踏まえた公務とはどのようなものかが、それぞれの著者の立場から語られる。二〇〇〇年の前後においても不変の法理である「法治主義」に、現在はどのような内容を盛り込ませるべきなのか。シリーズのもとでは、個別の行政分野を扱う巻と横断的課題を扱う巻の両方が随時出版されるが、いずれにおいても通奏低音のごとく意識されている課題である。

有斐閣が、地方自治を正面においたシリーズを刊行するのは、はじめてのことである。このような初の試みが読者の広い支持をえることができるよう、出版された巻に対しては、シリーズ編者および将来の巻の執筆者が加わって検討を加えたい。そして、その結果を踏まえて、よりよい書物を継続的に読者のお手元に届けることができるよう、努力してまいりたい。

二〇一六年夏

シリーズ編者を代表して　北村喜宣

はしがき

日本は「災害列島」である。四季の変化に富む反面、気候による変動も大きく、毎年全国各地で豪雨、暴風、豪雪に加え、最近は竜巻や地震も多発しているように思われる。人為的ではあるが大火事や爆発等もある。それらに伴う被害が、毎年散見されるような小規模で比較的軽いもの、数年に一度の中規模で相当程度のもの、数十年もしくは百年に一度あるかどうかの大規模で甚大なものがある。阪神・淡路大震災（一九九五年）、熊本地震や岩手県及び北海道を直撃した台風一〇号（二〇一六年）、西日本豪雨（二〇一八年）などがあり、いずれも深刻な被害を及ぼした。特に皆さんの記憶に鮮明に刻み込まれているものは、二〇一一年三月一一日に起きた東日本大震災津波であろう。

そのような災害への対策（災害対策）は、中小規模のものはもちろん、大規模なものや国を挙げて行われるものであっても、自治体なかでも市町村が中心となって行われ、その責任は極めて重い。自治体職員は、その重責を無理を押してでも全うしようとする。しかも、災害とりわけその規模や被害が大きい場合、現場には、発生直後から極度の緊張が張り詰め、「非日常的」で「想定外」の事態が皮肉にも「常態的」に発生し、職員は、「平時」の制度や運用ではとても対応しきれない「極限」ないしは「限界」的な状況に置かれる。それなのに、常時「迅速」で「最適」な対応が求められる。そこでは、新採用であろうが異動直後であろうが、「プロ」そして「全体の奉仕者」（憲法一五条、地方公務員法三〇条）としての対応が要求される。身近であるがゆえに、住民の極度に厳しい目に晒されながら。そのような状況下で、自治体職員は、災害に際し、どのように対応するべきなのであろうか。

本書は、筆者が、市町村行財政のサポートや災害廃棄物処理、行政法・環境法部門を中心とした政策法務ときわめて限られた範囲であるが、東日本大震災津波の際に、岩手県職員として、また行政法・環境法を研究する者として、実際に経験あるいは体感した雰囲気あるいは仄聞した情報を盛り込みながら著したものである。主たる読者を、採用あるいは異動後から災害対策を担当して間もない自治体職員であると想定し、政策法務を意識しながら、前述の問いに対する筆者なりの回答の「第一球」を投じた。随所に、盛岡市民かつ岩手県民としての視点も、ちりばめたつもりである。

あわせて、本書は、筆者が単独の名で編んだ初の書籍である。格式と伝統ある有斐閣から発刊して頂けるとの話があった際の光栄は鮮明に覚えている。しかし、同時に、災害対策についての執筆であり、筆者の中に深く重い葛藤と逡巡が生じたことも事実である。筆者は東日本大震災津波とその対策を体験しているとはいえ、甚大な被害を受けた岩手県沿岸部から自動車で二時間以上の移動を要する、内陸の盛岡市にある岩手県庁（本庁）もしくは滝沢市にある岩手県立大学勤務の職員として、あるいは直接津波被害を受けていない盛岡市民としてに過ぎない。現在も、沿岸に出向く機会はあるし、同僚でもある妻は、直接被災した山田町の出身である。陸前高田市を始めとする沿岸市町村には知己が多い。このように、被災地域にゆかり浅からぬ者として、公私にわたり、寄り添い続けてきたつもりである。しかし、真の「当事者」ではないことも厳然とした事実であり、本当の現場や真実を知っているとはとても言えない。その筆者が、被災の実態を正解しているだろうか。わけ知り顔で語ってもよいのだろうか。災害を題材に研究していいものか。そして何より、筆者の発言が、被災された方々を傷つけはしまいか。このような想いに今も苛まれている。

一方で、被災地の自治体職員や知人からは、復旧・復興は道半ばであるし、風化しないよう積極的に発言してほしいと言われることも少なくない。また、災害とりわけ東日本大震災津波レベルあるいはそれを上回る巨大災害は、今後も発生することも予想される。災害対策が進むにつれ、それらの災害への備えや、発災後の対策に幾ばくかでも参考になればとの思いから、筆者の経験と、拙いながらも「その時」何を考えたか、振り返って「今なら」どうするかを示さなければならないと思うに到った。それは将来世代に対してだけではなく、国を挙げて――さらには国外からも――感謝し尽くせないほどの支援を受けた我々の責務であるとさえ思っている。日々、復旧・復興に向かっていることが実感される「今」だからこそ。そのような万感の思いも込めて本書を世に送る。

本書の執筆は、多くの方々の御指導と御協力のもとに可能となった。岩手県や陸前高田市を始めとする県内市町村、宮城県東松島市、熊本県や益城町の職員、関係省庁の職員、関係領域の研究者、筆者が在籍した上智大学大学院の先生方や法学研究科生及びＯＢなど、今も支えて下さっているたくさんの方々がいらっしゃる。全員の名前を記すことはできないが、この場を借りて深甚なる謝意を申し述べる。ただし、筆者をお導き頂き、特段の御支援を賜っている方々の御名前を記すことをお許し願いたい。本書の執筆を命じて下さった北村喜宣上智大学教授には、一七年以上前にお会いしてから、実務の助言者として、また博士前期・後期課程を通じての指導教員として、常に懇切丁寧にそして厳しくお導き頂いている。北村教授とともに本シリーズの編集委員である山口道昭立正大学教授、出石稔関東学院大学教授、被災を経験し現在までの現地の様子に直に接している陸前高田市の吉田由香さんには、特段の御指導や御協力を賜った。そして、原稿提出が遅れるたびに粘り強く励まして頂くとともに、文字通り粗稿を驚くほどの精度で読み込んで頂いた有斐閣法律編集局書籍編集部（京都支店）の柳澤雅俊さんには、本当にお世話になった。粗稿に目を通してくれた妻の順子、息子の重光、両親の誠・充子、義母のレミ子は、自由奔放に研究する筆者をいつも支えてくれている。皆様に心からの感謝を申し上げるとともに、岩手県そして東日本全体の一日も早い復旧・復興に微力を尽くすことを誓い、稚拙ながら本書を捧げる。

意見に関する部分は、全て筆者個人のものである。それゆえ、思い込みや誤解も含まれている可能性は否めない。皆様から暖かい御指摘や御指導を賜れれば幸甚である。

二〇一九年八月　東日本大震災津波から八年が経過し、復興が最終段階にあることを実感しながら

千　葉　　実

目　次

第八章　自治体災害対策各論（五）——全フェーズに関係する業務……183

第九章　東日本大震災津波特有の災害対策——放射線影響対策……195

第一〇章　自治体災害対策における政策法務……207

コラム

凡　例

本書では用語及び法令等の名称は原則として以下の略称で示す（初学者がわかりやすいよう、なるべく略称は避けるが、略する場合もなるべく内容をイメージしやすいものとする。ただし、実務や学界で定着している略称はそのまま用いる）。

（用語）

【あ行】

岩手県記録　岩手県『岩手県東日本大震災津波の記録』（岩手県公式ウェブサイト・二〇一三年）

岩手県検証報告書　岩手県『東日本大震災津波に係る災害対応検証報告書』（岩手県公式ウェブサイト・二〇一二年）

岩手県公式アーカイブ　岩手県『いわて震災津波アーカイブ　希望』（岩手県公式ウェブサイト）

岩手県災害廃棄物処理記録誌　岩手県『東日本大震災津波により発生した災害廃棄物の岩手県における処理の記録』（岩手県公式ウェブサイト・二〇一五年）

いわて復興の歩み　岩手県『いわて復興の歩み　二〇一一・三―二〇一九・三　東日本大震災津波からの復興の記録』（岩手県公式ウェブサイト・二〇一九年）

応急対策　「災害応急対策」

【か行】
仮設住宅　「応急仮設住宅」
規模等　「規模や程度」
行政機関　「長と補助機関である職員や機関」
区画整理　「土地区画整理」または「土地区画整理事業」
広辞苑　『広辞苑〔第七版〕』（岩波書店・二〇一八年）

【さ行】
災害公営住宅　「災害の場合の公営住宅」
災害対策法制　「災害対策に関する法や制度」
社　協　社会福祉協議会
政令市　政令指定都市

【た行】
大規模等　「大規模あるいは被害が甚大」
大規模等災害　「大規模あるいは被害が甚大な災害」
中小機構　中小企業基盤整備機構
DMAT（ディーマット）　Disaster Medical Assistance Team

【な行】
日　赤　日本赤十字社

【は行】
発　災　「災害が発生」
東日本大震災津波　国内の公式の名称は「東日本大震災」であろうが、津波被害が大きいため、岩手県では「東日本大震災津波」と称している。本書では、原則として後者の呼称を用いる。
福島第一原発　東京電力福島第一原子力発電所
復　旧　「災害復旧」
復　興　「災害復興」
防　集　「防災のための集団移転促進事業」

【や行】

予　防　「災害予防」

（法令等）

【あ行】

荒川区災対条例　（東京都）荒川区災害対策基本条例（二〇〇二年条例二）

一般基準　災害救助法による救助の程度、方法及び期間並びに実費弁償の基準（二〇一三年告示二二八）

医療法　医療法（一九四八年法律二〇五）

大井町東日本大震災被災地支援条例　（神奈川県大井町）東日本大震災の被災者に対する支援に関する条例（二〇一一年条例八）　※二〇一一年度限りの時限条例

【か行】

火山対策特措法　活動火山対策特別措置法（一九七三年法律六一）

感染症予防法　感染症の予防及び感染症の患者に対する医療に関する法律（一九九八年法律一一四）

行訴法　行政事件訴訟法（一九六二年法律一三九）

区画整理法　土地区画整理法（一九五四年法律一一九）

警察官職務執行法　警察官職務執行法（一九四八年法律一三六）

警察法　警察法（一九五四年法律一六二）

激甚法　激甚災害に対処するための特別の財政援助等に関する法律（一九六二年法律一五〇）

原子力災対特措法　原子力災害対策特別措置法（一九九九年法律一五六）

原子力損害賠償法　原子力損害の賠償に関する法律（一九六一年法律一四七）

建築基準法　建築基準法（一九五〇年法律二〇一）
憲　法　日本国憲法（一九四七年憲法）
公営住宅法　公営住宅法（一九五一年法律一九三）
公共土木施設復旧国庫負担法　公共土木施設災害復旧事業費国庫負担法（一九五一年法律九七）
豪雪対策特措法　豪雪地帯対策特別措置法（一九六二年法律七三）
公立学校施設復旧国庫負担法　公立学校施設災害復旧費国庫負担法（一九五三年法律二四七）
行旅病人等取扱法　行旅病人及行旅死亡人取扱法（一八九九年法律九三）
港湾法　港湾法（一九五〇年法律二一八）
国土強靭化基本法　強くしなやかな国民生活の実現を図るための防災・減災等に資する国土強靭化基本法（二〇一三年法律九五）
国賠法　国家賠償法（一九四七年法律一二五）
国会法　国会法（一九四七年法律七九）

【さ行】

災害救助法　災害救助法（一九四七年法律一一八）
災害弔慰金法　災害弔慰金の支給等に関する法律（一九七三年法律八二）
災対法　災害対策基本法（一九六一年法律二二三）
自衛隊法　自衛隊法（一九五四年法律一六五）
地震対策特措法　地震防災対策特別措置法（一九九五年法律一一一）
地すべり防止法　地すべり等防止法（一九五八年法律三〇）
社会福祉法　社会福祉法（一九五一年法律四五）
消防組織法　消防組織法（一九四七年法律二二六）
消防法　消防法（一九四八年法律一八六）
食品衛生法　食品衛生法（一九四七年法律二三三）
水防法　水防法（一九四九年法律一九三）
生活再建支援法　被災者生活再建支援法（一九九八年法律六六）

請願法　請願法（一九四七年法律一三）

【た行】

第○次一括法　地域の自主性及び自立性を高めるための改革の推進を図るための関係法律の整備に関する法律（一次：二〇一一年〜八次：二〇一八年）

大規模災害復興法　大規模災害からの復興に関する法律（二〇一三年法律五五）

大規模地震特措法　大規模地震対策特別措置法（一九七八年法律七三）

地方交付税法　地方交付税法（一九五〇年法律二一一）

地方公務員法　地方公務員法（一九五〇年法律二六一）

地方財政法　地方財政法（一九四八年法律一〇九）

地方自治法　地方自治法（一九四七年法律六七）

津波対策推進法　津波対策の推進に関する法律（二〇一一年法律七七）

鉄道軌道整備法　鉄道軌道整備法（一九五三年法律一六九）

道路法　道路法（一九五二年法律一八〇）

徳島県震災に強い社会づくり条例　徳島県南海トラフ巨大地震等に係る震災に強い社会づくり条例（二〇一二年条例六四）

都市計画法　都市計画法（一九六八年法律一〇〇）

土地収用法　土地収用法（一九五一年法律二一九）

【な行】

中間市災害救助条例　（福岡県）中間市災害救助条例（一九六〇年条例一五）

南海トラフ地震対策特措法　南海トラフ地震に係る地震防災対策の推進に関する特別措置法（二〇〇二年法律九二）

農林水産施設復旧国庫補助法　農林水産業施設災害復旧事業費国庫補助の暫定措置に関する法律（一九五〇年法律一六九）

【は行】

廃棄物処理法　廃棄物の処理及び清掃に関する法律（一九七〇年法律一三七）

東日本大震災災害廃棄物処理特措法　東日本大震災により生じた災害廃棄物の処理に関する特別措置法（二〇一一年法律九九）

東日本大震災財源特措法　東日本大震災に対処するために必要な財源の確保を図るための特別措置に関する法律（二〇一一年法律四二）

東日本大震災復興基本法　東日本大震災復興基本法（二〇一一年法律七六）

東日本大震災復興特区法　東日本大震災復興特別区域法（二〇一一年法律一二二）

備荒儲蓄法　備荒儲蓄法（一八八〇年太政官布告三一）

分権一括法　地方分権の推進を図るための関係法律の整備等に関する法律（一九九九年法律八七）

放射性物質汚染対処特措法　平成二十三年三月十一日に発生した東北地方太平洋沖地震に伴う原子力発電所の事故により放出された放射性物質による環境の汚染への対処に関する特別措置法（二〇一一年法律一一〇）

防集特措法　防災のための集団移転促進事業に係る国の財政上の特別措置等に関する法律（一九七二年法律一三二）

墓地埋葬法　墓地、埋葬等に関する法律（一九四八年法律四八）

【ま行】

箕面市特別対応条例　（大阪府）箕面市災害時における特別対応に関する条例（二〇一二年条例一）

【ら行】

罹災救助基金法　罹災救助基金法（一八九九年法律七七）

著者・編者紹介

著　者

千葉　実（ちば みのる）

1967年生まれ
1991年　東北大学法学部卒業
同年　岩手県入庁
2007年　上智大学大学院博士前期課程法学研究科修了（法学修士）
2015～2019年　岩手県立大学特任准教授（岩手県庁から派遣）
2019年　（岩手県立大学への派遣終了）岩手県庁に復帰

〈主要著作〉

『自治体政策法務――地域特性に適合した法環境の創造』（共著，有斐閣，2011年）
『災害復興の法と法曹――未来への政策的課題』（共著，成文堂，2016年）
『自治体政策法務の理論と課題別実践――鈴木庸夫先生古稀記念』（共著，第一法規，2017年）

編　者

北村喜宣（きたむら よしのぶ）　上智大学法学部教授
山口道昭（やまぐち みちあき）　立正大学法学部教授
出石　稔（いずいし みのる）　関東学院大学法学部教授

序章　『自治体災害対策の基礎』の趣旨

一　本書のねらいと願い

1　災害対策を大づかみして全体を理解してほしい

「災害予防」「災害応急対策」「災害復旧」の災害対策は、その「基本法」たる災対法（本書では法令や用語は原則として略称で示す。冒頭の凡例を参照されたい）の第一章総則（一条〜一〇条）で明らかなように、官民を問わずあらゆる主体が責任を負い、分担・連携して実施される。しかし、現実には、「公」的な主体の役割が大きく、その中でも一次的には自治体――とりわけ市町村、次いで都道府県――が責任を負い、国がそれを支援し補完するものとされている。このように、災害対策の主体の中心は、自治体とりわけ市町村である。本書の対象は、その自治体災害対策である。「自治体＝行政」と考えがちであるが、それでは不正確であることも多い。自治体は、「行政」だけでなく「議会」と「住民」によっても構成されている。その行政部門も、正確には行政庁である知事や市町村長とその補助機関である職員の職である部長や課長等すなわち「人的」行政機関と部や課等すなわち「組織的」行政機関により構成されている。本書では、大づかみにわかりやすくするため、また実際には事務を長が全て自ら行うわけでなく行政機関が分担・連携しながら行っていることから、主体を示す際に「都道府県」「市町村」の「行政機関」と表現する。やや不正確な面もあるが、自治体職員の実務の基礎という視点から見ているので意図を了解されたい。

その「自治体災害対策」に関する法システムとは、どのようなものであろうか。発災した際、または災害に備え、自治体にはいかなるタイミングでどのような業務が発生し、それをどう遂行するべきだろうか。自治体職員は、どのような意識で職務にあたるべきだろうか。適切な対策を講ずるためには、根拠となる法令をどのように用いるべきだろうか。

本書は、新規採用や異動などにより「新たに災害対策の担当になった」、あるいは「担当になってから間もない」自治体職員を主たる読者と想定し、これらの疑問に答えることを目的に執筆した。そのため、その実務とりわけ法令との関係を大づかみに把握でき、できる限り多くの災害に共通し応用可能な論点を採り挙げて説明するよう努めた。

災害対策の基礎を学ぶことは、全ての自治体職員にとって意義がある。災害対策は、程度の差こそあれ、どの自治体にも、どの分野にも関わる。各自治体とも、全体的には防災担当部署が所管するが、個別には関連業務を所管する部署が担当するため、全ての自治体職員は、採用から概ね四〇年前後の勤続期間中に、形はどうあれ、ほぼ確実に何らかの災害対策に携わるであろう。

その災害対策には、「総合性」と「計画性」、そして「迅速性」が求められる。加えて、「非常時」であり「有事」に講じられる部分が大半であるために、平時にはない「特例」や「特別措置」が多く含まれる。「機動力」や「応用力」も欠かせない。それには、関係する法令や制度の「広く深い理解」と「柔軟な運用」が必須である。すなわち、自治体職員は、災害対策の実務の基本的かつ根本的な部分を、担当分野は深く、それ以外についても概要を習得しておく必要がある。

2　災害対策に関する法令に直に触れてほしい

具体的に業務を行う場合や改善策を検討する場合は、根拠となる法令の規定を「直《じか》に」参照してほしい。手引きやマニュアルでは絶対に足りない。それらが不適切なことさえある。火急の際には、まず「作業」することが優先される場合もあろう。その際は、ある程度状況が落ち着いてからでも、講じた災害対策が、関係する法令や制度すなわち災害対策法制に沿っているかを確認してほしい。当該法制が脈動していることを実感でき、さらに理解が深まるであろう。そのために、本書では、「大づかみ」でありながら「必要な知識は提供したい」と欲張り、根拠となる規定を条番号だけでも挙げるようにしている。

3　災害対策法制を使いこなせる自治体職員になってほしい

災害対策は、災害の規模等によっても大きく異なり得る。災害対策法制は中小規模で一過性の災害を主に想定していると指摘されてきたが、阪神・淡路大震災を経て、大規模等災害への対策が意識され、東日本大震災津波を経験し、その必要性が、関係者だけではなく全国民に強く刻み込まれたように思われる。災害対策及び法制は変容し、深化・進化し、複雑化している。自治体及び職員は、それらに対応しなければならない。しかし、それらの「本質」や「あるべき制度趣旨」は、実際には、それほど変わっていない（変わることも変える必要もない部分も多い）と思われる。それらをしっかり捉え、具体化し実現することが必要である。本書を貫くテーマの一つである「政策法務」とは、政策を充実させ実現するために、適法かつ適切に法令を「立法」し、柔軟に「運用」する、すなわち適法かつ豊かに「法令を使いこなす」というものである。また、法令には、不十分な部分も少なくないので、その法令が妥当なものであるかを見極める「目」と、足りなければ補完する「頭」も重要である。災害対策においても、それらが同じように要請される。そのため、自治体そしてその職員は、災害対策法制を理解し、考え、運用し、問題点を克服し、さらに専門性を高めながら改善・充実させていかなければならない。災害対策は、その主体となる組織と職員個々の「総合力」と「問題解決力」が問われる「試験」のようなものでもある。とりわけ「出題範囲」が示されない（逆に言えば全範囲にわたる）「実力テスト」であるように感じられる。「受験対策」になぞらえると、まず「教科書の記載」である災害対策法制を理論的かつ体系的に理解し、「過去問題や問題集を解き理解を深める」ように過去や他地域の事案や裁判例の分析等を通じて当該法制の運用や機能の実例を学び、理論が実際にどう用いられているかを知る。理解できないところは「参考書」である専門書にあたり、克服する。それには、何より「基礎」が大事である。

二　本書の特徴

本書では、実務の中心である行政機関の、とりわけ県あるいは県職員からの視点と災害対策法制を研究する側の視点に立っている。そのうえで、まず、「制度等」について簡単に触れた後、「実務の視点」でその制度等の運用を説明し、実際の具体例として「東日本大震災津波の際の岩手県の取組み」を採り挙げ、そこから得た知見や教訓を盛り込んだ。原則として、二〇一八年一二月末時点で公表され入手可能なデータ等を基にしているが、現在も進行中の復旧・復興等については、可能な限り、最新のデータを参照した。また、できるだけ「コラム」を付した。現時点での筆者の疑問であるが、根源的な論点を採り挙げ、臨場感を残すよう心がけた。本文より、こちらを先に読んだ方が興味を持ってもらえるかもしれない。

自治体災害対策は時系列的に発生することが大半である。このため、それに沿った把握が実務においても有効であり、読者もイメージしやすいと思われる。災対法をベースにすると、予防（第四章）→

（発災↓初動↓）応急対策（第五章）↓復旧（第六章）↓（復興↓）予防……となり、そのサイクルで回り続ける。本書では、災対法上は応急対策に含まれていると解される発災直後の災害対策を「初動」と、復旧に含まれていると解されるその後の災害対策を「復興」とする。しかし、現実の自治体災害対策は、復興段階からスタートする場合もあれば、ある対策の途中で新たな災害が発生し、その初動から並行して行われる場合もある。そこで、できるだけシンプルに、発災をスタートに、各フェーズ（段階）で代表的な災害対策をイメージしながら説明する。

また、複数のフェーズにまたがったり、行きつ戻りつする災害対策も少なくないので、それらが講じられたり、位置付けの中心となるフェーズで説明する。たとえば、災害廃棄物の処理については、散乱しているものを撤去し道路等を切り拓く「啓開《けいかい》」は最も盛んに行われる初動で説明する。東日本大震災津波では、本格的な処理のための実施計画の策定は応急対策で、焼却や埋立てなどは復旧・復興に大きくまたがって行われた。そもそも、災害廃棄物の処理は復旧の一部である。しかし、全体としては復旧・復興の前提であるので、応急対策に位置付けて説明する。大規模等災害の場合はそのようなスケジュールがさらに遅れてしまう。

本書では、自治体災害対策全般に通底する部分や事項は総論として、実務については主に各論として説明する。代表的な論点をさらに厳選し掘り下げて、全体に通じる「こころ」を伝える方法もあるが、本書は、できる限り多くを「大くくり」に触れる方法を採った。それは、実際の現場では、発災後に爆発的に業務が発生し、どんどん膨張するにもかかわらず、十分な検討時間が与えられない場合が多いからでもある。そのような場面でも、難局をなんとか凌ぎ、少しでも望ましい対策を講じる「とっかかり」にしてもらうことを期待している。

「とっかかり」のキー（鍵）として根拠となる法令を見てほしい。災害時においては、「超法規的措置」が声高に求められることも多い。しかし、公権力の行使も多い領域であり、法治主義そして法律による行政の原理は厳然として守られなければならず、その上で法をうまく使って難局を切り抜けることは相当程度できるし、そうあってほしいとの願いも込めている。

本書が実務に役立つとともに、読者の皆さんが、自治体災害対策や政策法務に興味を持つきっかけとなれたなら、これに勝る喜びはない。

第一章　あなたが東日本大震災津波の災害対策の現場にいたなら

――岩手県の災害対策の概要等を踏まえて

一　東日本大震災津波による岩手県の被害の概況

東日本大震災津波による岩手県の人的被害・建物被害の状況は、**表1**及び**図1**のとおりである。沿岸全体で人口の二・一パーセント、陸前高田市や大槌町では同市町の一割弱が人的被害を受けている。家屋についても、沿岸全体で三割弱、大槌町では七割の家屋が倒壊した。産業被害額及び公共土木施設被害額は**表2**のとおりである。発災した二〇一〇年度の岩手県の歳出の決算は、東日本大震災津波の災害対策に要した経費を除くと六、八八三億円であったので、産業被害額はその一・二倍、公共土木施設被害額はその〇・四倍となった。被害がいかに甚大であったかが理解できよう。

表1　人的被害・建物被害状況一覧（2013年2月28日現在）

市町村名	人口	人的被害の状況					建物被害の状況
		死者（人）	行方不明者（人）	負傷者（人）	合計（人）	対人口割合（%）	うち、家屋倒壊（棟）
岩手県計	1,330,147	4,672	1,151	206	6,029	0.5	24,916
陸前高田市	23,300	1,556	217	不明	1,773	7.6	3,341
大船渡市	40,737	340	80	不明	420	1.0	3,934
釜石市	39,574	888	152	不明	1,040	2.6	3,655
大槌町	15,276	803	437	不明	1,240	8.2	3,717
山田町	18,617	604	149	不明	753	4.0	3,167
宮古市	59,430	420	94	33	547	0.9	4,005
岩泉町	10,804	7	0	0	7	0.1	200
田野畑村	3,843	14	15	8	37	1.0	270
普代村	3,088	0	1	1	2	0.1	0
野田村	4,632	38	0	19	57	1.2	479
久慈市	36,872	2	2	10	14	0.0	278
洋野町	17,913	0	0	0	0	0.0	26
沿岸小計	274,086	4,672	1,147	71	5,890	2.1	23,072
内陸小計	1,056,061	0	4	135	139	0.0	1,844

岩手県災害対策本部調べ（上記被害は平成23年4月7日までに発生した余震の被害を含む／死者数は県警調査によるもので市町村別死者数は遺体発見場所に基づく集計による／行方不明者、負傷者数は市町村報告による／家屋倒壊数は全壊＋半壊数／人口は平成22年国勢調査による）

（出典）岩手県記録27頁表2-3

表2　岩手県における被害の状況

産業被害額（2011年11月25日現在）				
農林業	水産業，漁港	商工業	観光業（宿泊施設）	合　計
984億円	5,649億円	1,335億円	326億円	8,294億円

公共土木施設被害額（2011年7月25日現在）			
河川，海岸，道路等施設	公園施設	港湾関係施設	合　計
1,723億円	405億円	445億円	2,573億円

（出典）いわて復興の歩み3頁をもとに作成

一　東日本大震災津波による岩手県の被害の概況

図１　岩手県における被害状況（2019 年 3 月 31 日現在）

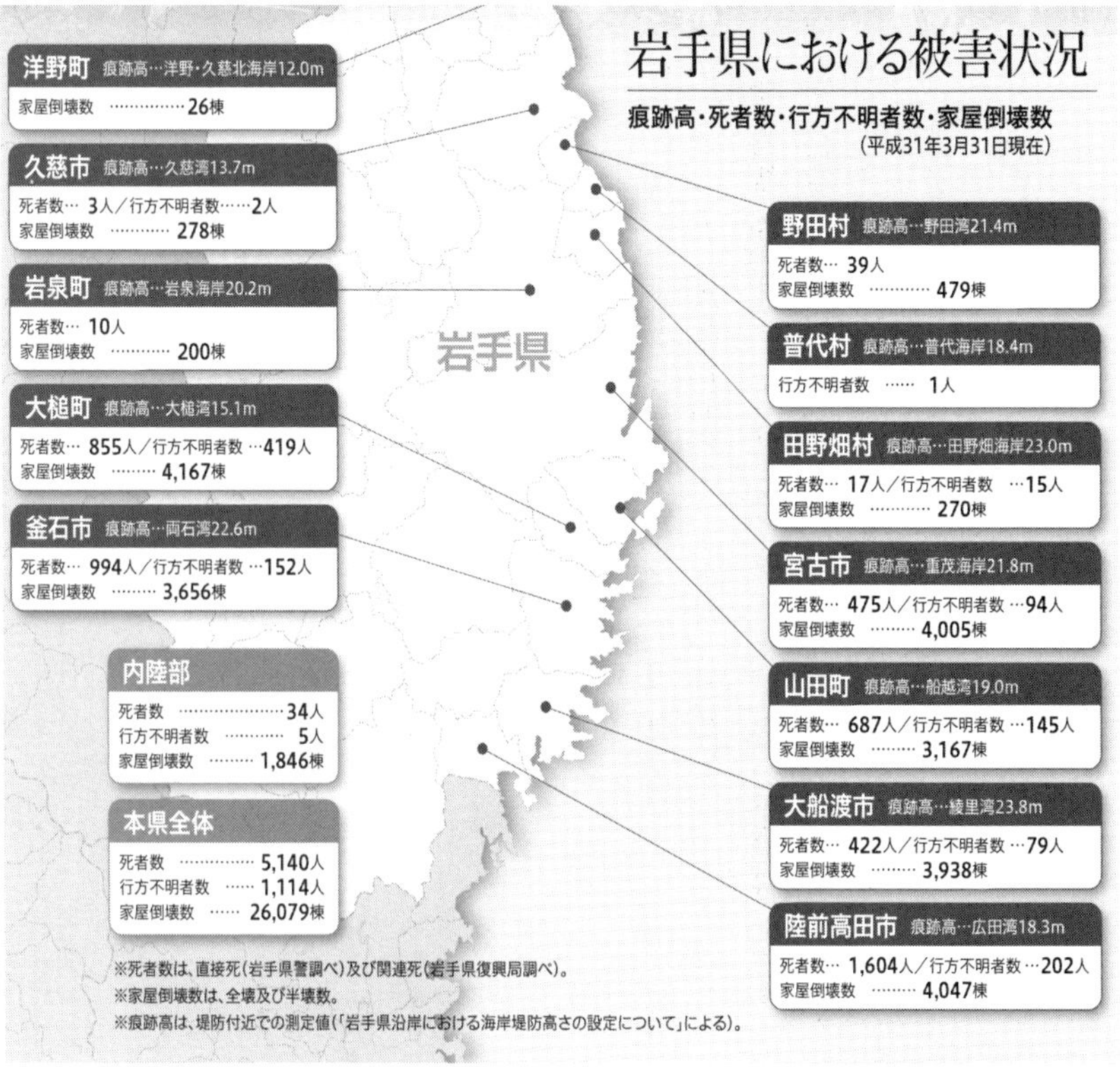

（出典）いわて復興の歩み２頁

一　東日本大震災津波の災害対策の現場
——各フェーズにおける災害対策の概要

あなたが自治体職員として、東日本大震災津波の災害対策の現場にいたなら、どのように行動しただろうか？　どう行動すべきだったのであろうか？　関係する制度を概観する前に、岩手県の災害対策の現場をできるだけ再現してみよう。

1　発　災

二〇一一年三月一一日金曜日一四時四六分。岩手県庁では、職員が膨大な業務をこなしている時だった。突然、あちこちの携帯電話のアラートが一斉にけたたましく鳴りだし、間もなく大きな地震が起こった。宮城県沖を震源としたマグニチュード九・〇、最大震度七であった。一八八六年に東京帝国大学で世界初の地震学講座が開講され、近代地震学が確立したとされているが、それ以来、日本が経験した最大のものである。岩手県内陸の盛岡市に所在する岩手県庁でも大きく長く揺れた。振動時間が二分以上続いた地域も多かった。余震も頻繁で、長期間にわたった。震度四以上に限っても、同年三月中に一一五回、四月に入っても五二回、一年半後の二〇一二年八月末までで二六二回発生した。

地震発生から三〇～五〇分後、岩手県沿岸に巨大津波が押し寄せた（写真1）。岩手県記録一八頁によれば、最大遡上高は四〇・一メートル、遡上距離は四八・八八キロメートルであり、最大浸水高は一八・三メートル、浸水範囲の面積は五六一平方キロメートルであった。これらが市街地まで襲い、陸前高田市に至っては街全体が呑み込まれた（写真2）。その様子は、リアルタイムでテレビでも放映された。その残酷で凄惨な光景が目に焼き付いている読者も多かろう。家屋は流され（写真3）、建物が跡形もなくなったところも多く、船が陸地に乗り上げ（写真4）、災害廃棄物が一面に散乱した（写真5）。

写真１　押し寄せた津波

（出典）岩手県公式アーカイブ／提供：陸前高田市

写真２　被災直後の浸水した陸前高田市

（出典）岩手県公式アーカイブ／提供：岩手県総務部総合防災室

写真３　家屋の流失

（出典）岩手県公式アーカイブ／提供：陸前高田市

地域のシンボルでありキーステーションである市役所や町村役場が、壊滅した地域もある（写真6）。

写真4　陸地に船が乗り上げている

（出典）岩手県災害廃棄物処理記録誌 10 頁

写真5　災害廃棄物が散乱

（出典）岩手県災害廃棄物処理記録誌・表紙

写真6　全壊した陸前高田市役所

（出典）岩手県公式アーカイブ／提供：岩手県復興局復興推進課

2　初　動

発災後、自治体及び国の「スイッチ」は、災害対策へと一気に切り替わった。全県的に停電となったが、県庁舎は自家発電に切り替わったので、県庁の職員は、テレビの実況中継を視聴でき、インターネットなどで情報を収集することができた。しかし、職員も、自分の身を守りながら、周辺の状況の把握に努めるのが精一杯だった。家族の無事の確認さえままならなかった。ようやく本震が収まると、ほどなく沿岸に津波警報が発令されたとの情報が入ってきた。沿岸の市町村では、住民への避難勧告が出され、周知と避難誘導に加え水門の閉鎖等に、多くの自治体職員や消防団員などが奔走した。

災害対策に関する業務は、被災自治体の行政機関を中心に、瞬時かつ爆発的に膨大に発生し、しばらくのあいだ膨張していく。文字通りの「初動」で、県及び被災市町村は、まずはそれぞれ災害対策本部を設置し（**写真7**）、被害の状況と現場のニーズの把握に努めた。しかし、当初は、沿岸部だけでなく、地震に伴う停電などにより内陸部の通信手段も断絶されており、その作業はなかなかはかどらなかった。巨大災害であることは容易に推測された。県や被災市町村は、即座に自衛隊に派遣を要請し、国や他自治体に応援を求めた。県庁では、災害対策本部員である各部局長と関係職員は、緊張した面持ちでせわしなく動き回っていたが、その他の職員は職場待機を命じられたものの、具体的な作業はできないままであった。岩手県の沿岸地域はリアス式海岸で、少ない平地に建物が密集しており、その市街地まで大津波が襲来した。時間の経過とともに、徐々に陸前高田市や大槌町は、「丸ごと呑み込まれ」、「壊滅的である」、「現在は膨大な災害廃棄物が現場全体に散乱している」などの情報が入ってきた。就業時間を過ぎると、各部署とも数名を残し、幼少児や高齢者の家族がいる職員から順に帰宅した。

並行して、被災市町村は、被害の拡大防止に努めるとともに、県や国などと連携しながら、被災した生存者の救出と保護を開始した。行方不明者や犠牲者の遺体の捜索も行った（**写真8**）。生存者の保護を最優先しなければならないことは瞭然だったが、それ以外は、「何から」「どう」手を着ければよいかわからなかった。道路は災害廃棄物で塞がれ、現場も水浸しで、簡単には近寄れず、そもそも危険であり、高い機動力を有する自衛隊、警察や消防に頼るしかなかった。また、居宅を失うなどした住民が一時滞在できるよう避難所を開設し（**写真9**）、炊き出しや生活物資の調達や配給を行った。それにつれ仮設トイレの確保やし尿の収集・処理が必要になった。岩手県の本庁職員は全体のマネジメントと現地対策の支援、被災市町村と国との連絡調整に、被災地にある出先機関の職員は遺体の安置に加えて衣類

写真7　岩手県が災害対策本部を設置

（出典）岩手県公式アーカイブ／提供：岩手県総務部総合防災室

写真8　行方不明者や遺体の捜索

（出典）岩手県公式アーカイブ／提供：陸上自衛隊岩手駐屯地

写真9　避難所を開設

（出典）岩手県公式アーカイブ／提供：特定非営利活動法人立ち上がるぞ宮古市田老

を始めとする生活必需品等の物資の調達と配給にあたった。ほどなく、膨大な火葬への対応も求められた。

道路の啓開や電気・ガス・水道や通信等のライフラインの確保も進められた。徐々に、県や国が、キーステーションでありながら被災した市町村の行政機関を支援し、必要なサービスを提供できるようにし、場合によっては県が「代行」した。このように、日常的ではない業務を、これまでにない規模で、これ以上ない緊急性と確実性も求められながら行わなければならなかった。そのためにも、まず、諸々の危機を凌ぎ、混乱する被災地を落ち着かせる必要があった。

しかし、体制は十分ではない。災害対策は、県はともかく、市とりわけ町村では総務課業務の一つに過ぎない。中心となる災対法はまだしも、災害救助法に至っては、経験の浅い若手職員がごく少数で担当している場合も少なくなかった。被災した住民からだけではなく、全国各地からの要求や苦情も寄せられ、喧騒のなかで右往左往することも多かった。種々の業務は錯綜し、同時並行で進められた。

3　応急対策

自宅に居住できない被災住民全員が避難所に一時滞在し、「初動」がある程度落ち着くと、「応急対策」に移行した。発災から半月後の二〇一一年四月に入った頃であった。

沿岸の市町村は、いずれも深刻なダメージを受け、自市町村のことさえままならず、近隣の被災市町村の支援は難しかった。まず県や内陸の市町村が、続いて全国の市町村、都道府県や国が応援職員を派遣したが、受入れの準備は、とても間に合わなかった。行政機関が壊滅的であった陸前高田市等に対しては、あらゆる分野で手厚い支援とともに、できるだけ同市等に負担をかけない、あるいは軽減する方策が検討された。

少ない平地を他の災害対策と競合し調整しながら活用し、仮設住宅の建設と供与を進め（写真10）、避難所で一時滞在している被災住民を転居させた。急ピッチの作業であり、資材や業者の調達に非常に

写真10　仮設住宅の建設

（出典）岩手県公式アーカイブ／提供：宮古市

写真11　仮校舎での応急教育

（出典）岩手県公式アーカイブ／提供：特定非営利活動法人いわて連携復興センター

写真 12　災害廃棄物の処理

（出典）岩手県災害廃棄物処理記録誌 75 頁及び 111 頁

苦心した。最低限の生活ができるよう、道路や医療・社会福祉施設などを応急復旧させた。就学期間が定められているので、児童・生徒に対する応急教育を施した（写真11）。全ての災害対策の支障となっている災害廃棄物の処理を進めた（写真12）。

応急対策は、本格的な「復旧・復興」に移るまでの仮の「しのぎ」であり「つなぎ」である。復旧・復興にはそれなりの準備を要するので、クッション的あるいはバッファー的なフェーズが不可欠であり、応急対策はそれに当たる。初動期ほど人命に直結しないが、いずれの対策も、被災した住民や地域にとっては最優先であるので、やはり迅速さを求められながら、多くの対策が並行して進められた。被災住民の生活が落ち着いてくるにつれ、徐々に一定以上の質が求められるようになった。

4　復旧・復興

生活に必要な三要素とされる「衣」「食」「住」のうち、「衣・食」は、初動時から比較的確保しやすい。被災した住民や地域も一息つけるようになった二〇一一年七月下旬に、自衛隊が撤収した。仮設住宅が完成し

写真 13　高台での住宅の再建

（出典）岩手県公式アーカイブ／提供：岩手県復興局まちづくり再生課

写真 14　公共施設の再建

（出典）岩手県公式アーカイブ／提供：陸前高田市

写真 15　産業の復旧・復興（被災後初の稲刈り）

（出典）同上

「住」が確保された八月半ばに、岩手県は災害対策本部を廃止し、応急対策から「復旧・復興」にシフトした。発災から半年近くが過ぎていた。被災者の生活再建には、その根幹である住居が必要である。自ら持ち家を再建する場合もあるが、災害公営住宅の建設が必要な場合や地域も相当あった。また、被災者の収入の途の確保が必要であり、それには産業・経済の復旧・復興が不可欠である。電気や水道等のライフラインの復旧は、応急対策の段階で相当程度進んだが、最終的な復旧と、それ以外の交通や公共施設、商業施設等の復旧・復興が必要である。人間は一人では生活できないので、コミュニティーそして社会システムの復旧・復興も重要である。

被災前の「原状」を「回復」する「復旧」と、それにとどまらず、さらなる発展を含む「復興」は、理論的にはともかく、実際には区別できない場合が多い。大きくはハード面とソフト面に分けられ、前者は住宅の再建（写真13）と商業施設や公共施設などの再建である（写真14）。後者は、被災者の生活の再建及びそのための収入手段の確保や、それにも関係する産業の復旧・復興が中心である（写真15）。人口減少が進行するなか、原状回復しただけでは、かつての需要やにぎわいを取り戻すことはできないので、さらなる発展を目指すのは当然である。しかし、財源もマンパワーも限りがあるし、「焼け太り」は許されないので、初動や応急対策時とは格段に違って、平時に近い財政規律も求められる。「復旧」は、迅速性とコストパフォーマンスが求められる。「復興」は、まちづくりそのものなので、住民等の意向を十分に踏まえ、いっそう将来を見据える必要がある。

5　予　防

「予防」は、平時から行われる災害対策であり、進めていればいるほど、防災や減災が期待できよう。しかし、災害は、起きてみないとわからない部分が多く、予防は、「机上の空論」に終わったり、「過剰投資」につながりかねないリスクを孕む。したがって、一定の災害対策が終了し、効果や課題を検証し、今後の災害に備えての隙間を埋めたり、補強することが中心となろう。

災害対策は、規模やフェーズ等により要請の内容や程度は変わるが、大掛かりなものとなることが多い。遅れや漏れは許されず、「総合性」・「計画性」・「迅速性」が求められる。これらを調和しながら実現し、より効率的かつ効果的に、次の災害に備えなければならない。それが「予防」であり、内容としては、防災計画の作成や防災組織の整備や訓練、国土の強靭化などである。それらは、日常的に行うものので、特定の期間というものはない。

病気と同様、災害に対しても、「予防」は、大変重要かつ有効である。しかし、完全に防ぐことができないことから、二〇一三年の災対法の改正で「減災」が基本理念とされたのは、非常に意義深い。

三　東日本大震災津波の災害対策を経験しての実感

二で見た岩手県の災害対策全体を大まかにまとめると表3のとおりである。

自治体災害対策は、業務は膨大であるのに、究極の迅速性が求められる部分が多い。しかも、失敗が許されないうえ、多額の投資や労力も要する、自治体を挙げての大掛かりなものであり、総合性と計画性も求められる。一方で、発災後でないと、被災の内容や状況がわからず、「何を」「どのようにして」対策を講じればよいか予め判断できない。必然的に「想定外」の事態が多くなり、事前に法令や計画等で災害に「備えきる」ことはできない。災害対策法制や防災計画はいくら精緻であっても万全ではなく、

表３　岩手県の災害対策の全体のイメージ

災害対策		フェーズ	時　期
Ⅰ	1　防災体制や防災計画の整備 2　防災教育，訓練 3　防災施設の整備 4　県土の強靭化	予　防	～ 2011.3.11
Ⅱ	1　避　難 2　被害の把握と体制整備（災害対策本部設置，自衛隊等応援要請） 3　救助（捜索，救出，避難所開設，炊き出し，生活物資の調達）	発　災 ↓ 初　動	2011.3.11 ～ 3月末頃【発災後2～3週間（半月程度）】
Ⅲ	1　救助（仮設住宅供与） 2　災害廃棄物処理 3　施設や産業の応急復旧	応急対策	2011.4月～ 8.11 頃【発災半月後から5か月程度】
Ⅳ	1　まちづくり 2　住宅再建，災害公営住宅供与 3　生活再建 4　産業の復旧	復旧・復興	2011.8.12 頃～完了【発災5か月後から8年以上経過した2019.7月現在も進行中】
Ⅰと同様		予　防	復旧・復興完了後からが中心だが，Ⅱ～Ⅲとも並行する

それを「整備する」こと自体より、いかにうまく——適時適切に合理的に、場合によっては、所期の目的以上を達成できるように——「使いこなす」ことが重要である。それができる「有能な人材」を適材適所に配置できればよいが、そのような人材は、不足しがちである。組織としても、「ごく限定された」非常時よりも、「大半である」平時における多様な行政ニーズに対応するとともに、注目される部署に配置したいというのが本音であろう。人材育成が必要かつ重要であることは疑いないが、それには限界がある。したがって、いかに危機管理の素養や能力の高い

人材を要所に配置し、組織全体の力を向上させるかがポイントである。

とはいえ、「道具」である災害対策法制も、きわめて重要である。その理由の一つは、職員全員が、それらの「道具」を使いこなせるとは限らないからである。かつて先輩職員などから、「個々の職員に『得意・不得意』や『上手・下手』があるのは仕方ない。しかし、組織として、『できる（可能）・できない（不可能）』があってはならない」と教わった職員も多いと思われる。災害対策は「通常の業務」ではないが、必須かつ不可避である以上は「標準」的な業務ともいえ、不可能であってはならない。それには、どの職員が行っても「必要最低限のクオリティー」を保障できるような仕組みが必要である。

理由の二つめは、職員も、災害が大規模等であるほど、当初は、「何から」、「どう」手を着ければよいかわからず、着手できても、これまで誰も経験したことのないきわめて「非日常」な事態に「日常」的に遭遇するからである。しかし、迅速・効果的・効率的に対策を講じなければならない。

理由の最後は、災害対策は、住民個々の意向や事情を反映しきれない「強力な権限行使」と、それに比例し住民の権利の「強い侵害」を孕むからである。それが許容されるには、民主的かつ合理的にコントロールされていなければならず、それには法制が必要である。

第二章　自治体災害対策総論（一）

――自治体災害対策の考え方

一　自治体が対策を講じる「災害」とは何か

広辞苑によると、災害とは、「異常な自然現象や人為的原因によって、人間の社会生活や人命に受ける被害」とされている。しかし、それがそのまま自治体が対策を講じるべき災害というわけではない。

制度等　災害対策法制の頂点とされる災対法によると、災害とは、「暴風、竜巻、豪雨、豪雪、洪水、崖崩れ、土石流、高潮、地震、津波、噴火、地滑りその他の異常な自然現象又は大規模な火事若しくは爆発その他その及ぼす被害の程度においてこれらに類する政令で定める原因により生ずる被害をいう」（二条一号）。すなわち、自然現象だけでなく人為的な事故そのものは原因に過ぎず、そこから生じた「被害」こそが災害である。その被害は住民そして国民に対するものであり、集中豪雨による崖崩れがあっても、無人島であれば、「災害」とは言えない。被害が人的であると物的であるとは問わない。

表４　主要な個別法における対策を講じる災害の規模等

対象となる災害の規模等	法　律
明確に法定されていないが，社会的に見て重大な相当規模等の被害と解される。	災対法
1　市町村または都道府県の人口に応じ，一定数以上の住宅の滅失等（施行令１条１項１号～３号。ex：市町村人口が５千人未満であれば 30 世帯以上，30 万人以上であれば 150 世帯以上とし，その間５段階ある） 2　多数の者が生命または身体に危害を受け，または受けるおそれが生じた一定の場合（同項４号）	災害救助法
市町村における一定数以上の住宅の滅失等（施行令１条１項，告示１項・２項。ex：市町村内５世帯等）	災害弔慰金法
市町村における一定数以上の住宅全壊被害等（施行令１条。ex：市町村内 10 世帯以上等）	生活再建支援法
国民経済に著しい影響を及ぼし，かつ，当該災害による地方財政の負担を緩和し，または被災者に対する特別の助成を行うことが特に必要と認められる災害	激甚法

ただし、基本法である災対法と個別法の間でも、個別法間でも、災害の定義や対象は区々《まちまち》である。被害の原因について、災対法のほか公立学校施設復旧国庫負担法のように「この法律において『災害』とは、……大火その他の異常な現象により生ずる災害をいう」（二条三項）として人為的原因を含むものもあれば、災害弔慰金法のように「この法律において『災害』とは、……異常な自然現象により被害が生ずることをいう」（二条）として自然現象に限定するものもある。**表4**のように、災害の規模等について、災対法は、明確に法定していないが、「相当な規模」の国土及び国民の生命、身体または財産に「相当程度」の被害が生ずるような場合を指すものと解されている。一方で、市町村レベルで対応でき、発生頻度の高い中小規模で一過性の災害を念頭においているとも指摘されている。災害救助法は、市町

村人口に応じた住宅の滅失世帯数で適用の有無を定めている。同法の適用の規模未満等の災害の場合に対策を講じるか否かは被災した自治体の判断による。（福岡県）中間市災害救助条例のように、「災害救助法……の適用を受けないが、法にいう災害にかかった者に対し応急的に必要な救助を行」う（一条）としている自治体もある。災害弔慰金法は、人口に関わらず住宅の滅失世帯数で適用の有無を定めている。

実務の視点　住民にとっての被害があり、住民自身または相互間の助合いで完結できる場合はそのなかで、それらでは間に合わない場合は、行政とりわけ自治体が中心となって、法令に基づき対策を行う。災害は基本的に局地的であり、災害対策は自治体のなかでも市町村が行うことが原則である。

東日本大震災津波の際の岩手県の運用等　岩手県及び被災市町村が、ほぼ自動的に災害対策本部を設置するレベルの災害であったので、関係する災害対策法制全てが適用になることは予想された。最大の関心が集まったのは、初動や応急対策における被災住民の具体的な救助に災害救助法が適用されるかどうかであった。「未曽有」の大災害であり、災害救助に莫大な費用を要することは明白だった。同法が適用されると、その費用の相当程度（場合によっては実質全額）を国が負担することになる。適用は市町村の区域単位であり、同一市町村内で取扱いが異なるという心配は不要であった。発災直後から、岩手県は、同法を当時所管していた厚生労働省（二〇一三年一〇月より内閣府に移管）と調整に入り、発災当日から同法は適用された。

二　自治体災害対策の内容や区分と業務の流れ

制度等・実務の視点

災対法上、災害対策は、「予防」「応急対策」「復旧」に区分され、その順で規定されている（一条、第四～六章）。実際の災害対策の時系列も、概ね予防→応急対策→復旧である。復旧後は、また予防に向かい、このような流れでサイクルしている。ただし、初動は特殊な部分も多く、その後の対策にきわめて大きく影響を及ぼすので、本書では応急対策から区分して捉えている。また、災害以前の原状回復を図る復旧と、それ以上の意義を有する復興は、理念が異なるものとして区分できるが、実務上は、発災直後から復旧と同時に復興を念頭において業務が進められ、同時かつ重なり並行または一体的に行われる。そこで、むしろ分類せず、復旧・復興とする。

実際には、それらの区分は明確ではない。その時点でのニーズの優先度に応じ、できる対策から、同時並行で、シームレスすなわち連続的に行われる。また、災害対策の内容も、想定外のものであることが多く、各業務を検証し、教訓を探り、次なる災害に備えるというサイクルを構成する。オーソドックスな業務のサイクルのモデルである「PDCAサイクル」や災対法の規定に倣うと、P（Plan：予防）→D（Do：初動、応急対策、復旧・復興）→C（Check：検証）→A（Action：見直し）→P→……となる。

自治体にとっての「日常」ないし「平時」は災害がない状態であり、時間で見ると自治体災害対策の大半は予防（備え）である。したがって、このように予防を起点とすることもできよう。しかし、自治体災害対策が緊張感をもって求められ、意義を問われる中心は発災後である。また、災害対策法制とともに、「災害に遭えばあうほど成長していく」ものであるし、災害の規模等により、プロセスを減じたり、複数のものを並行させることもある。災害である以上、予防しきれるものではない。そこで、本書は、実務の点からも、発災を起点に捉える。その意味では「ＤＣＡＰ」サイクルである。

また、災害対策を講じる主体によって、住民一人一人による「自助」、複数の住民等による自主防災組織その他の地域における多様な主体による「共助」、自治体や国による「公助」にも区分される（災対法二条の二第二号参照）。一般的には、住民ひいては国民からは、公助によることが期待されているように思われる。たしかに、災害対策における自治体や国の役割は非常に大きく、実際、その中心となることが多い。しかし、自治体や国が対策を講じるには、公益性などの「大義名分」が必要である。また、公助だけでは全てをカバーしきれないことも自明である。刻一刻を争う避難のような場合は、被災者自身が自ら対策（自助）を講じざるを得ない。そもそも、自分の身や財産、生活を守るのは自分自身であり、それでは対応しきれないものを住民が相互に助け合って（共助）、それでも賄えない場合――もちろん最初からという場合もあろう――には公共で対応する（公助）というのは、当然である。

具体的に「公助」を講ずべき主体は、法令により、「自治体」すなわち市町村または都道府県なのか、「国」なのかが定められており、それを原則とする。しかし、災害の原因、内容や規模等により、これと異なる場合もある。都道府県をまたいだり、国にしかない知見が不可欠な場合には、消去法的あるいは補完的に国が対策を講じることになる。災対法による市町村の応急公用負担等に限定されているが、指定行政機関の長等による代行（七八条の二）や、災害廃棄物処理に限定されているが環境大臣による代行（八六条の五第九項）などがある。「自治体」のなかでも、市町村と都道府県の間や市町村間、都道府県間の地方自治法上の事務委託（二五二条の一四）などがある。

東日本大震災津波の際の岩手県の運用等

発災から八年が過ぎた二〇一九年七月末段階では、復旧・復興も最終段階に入っており、予防の中核である防災計画もこれまで毎年見直されてきた。マクロ的には、概ね「DCAPサイクル」により業務は進んできたと言える。ただし、個別に見ると、復旧・復興の大きな要素である住宅の整備については、応急対策時から災害公営住宅の建設についての検討が始まっていたり、逆に応急対策で終了するはずの仮設住宅での居住が復旧・復興時でも相当数継続しているなど、フェーズの移行が必ずしも明確かつスムーズに行われているわけではない。このように、ミクロ的には、行ったり来たりするものも少なくない。

三　自治体災害対策のプライオリティー（優先度）の基準や視点

災害対策の具体的業務は、発災後に爆発的に発生し、しばらくの間、膨張しながら移り変わるが、やがては終了する。そのまま「平時」に移行していくものもある。本来は、どの業務も全力で迅速に終わらせなければならないが、それぞれの主体にも能力に限界がある。そこで、具体的業務に、プライオリティー（優先度）を附し、その高いものに力を集中して進めざるを得ない。

1　災害対策の目的

制度等　自治体災害対策のプライオリティーの基準や視点の手掛かりは、まず、災対法一条の目的規定である。同条は、災害対策法制の「原理」と解されており、同法の制定当初からほとんど改正されていない。同法は、「国土並びに国民の生命、身体及び財産を災害から保護する」こと、「責任の所在を明確に」し、「総合的かつ計画的な防災行政の整備及び推進を図り、もつて社会の秩序の維持と公共の福祉の確保に資することを目的」としている（一条）。

「生命」「身体」は「人格権」として憲法一三条で、それとあいまって「生存」はそのための「生活」を含め「生存権」として憲法前文と二五条で、「財産」は「財産権」として憲法二九条で保護されている。災対法は、これらの憲法価値を実現するものである。もちろん、何より優先されるものは、住民の生命である。「責任の所在の明確性」は、それ自体が目的ではなく、災害対策を確実に遂行するための手段である。「総合性と計画性」も手段ではあるが、対策相互の有機的連携であり、マネジメントとして全体に関わる。「社会の秩序維持」は社会を災害で混乱させないようにすることであるが、抽象的である。「公共の福祉の確保」も抽象的ではあるが、「住民の福祉の増進」（地方自治法二条一四項）の要請でもある。

実務の視点　国民すなわち住民の生命・身体そして生活の保護を最優先に災害対策は講じられる。責任の所在は常に問題にはなるが、災害対策が可能な主体が、可能なものから行うことになる。

2　基本理念

制度等・実務の視点　災対法二条の二の基本理念は、災害対策に関する基本的な考え方として、東日本大震災津波から二年後の二〇一三年の改正で盛り込まれた。一条とあわせて、災害対策法制の「原理」と解されている。これまでの取組み等を踏まえた確認的な規定とも言えよう。

(1)　総論・減災（一号）

災害の発生を常時想定した上で対策を行うが、全て防ぎ切ることはできない。そこで、「被害の最小化……を図る」減災が定められている。

(2)　公助における公共機関の役割分担等と自助や共助の促進（二号）

公共機関が適切に役割分担し連携しながら公助を行うが、「住民一人一人が自ら行う防災活動」である自助や地域における居住者等が連携して行う共助をなくして災害対策は困難であるので、それらの促進が定められている。

(3)　措置の組合せ、不断の改善（三号）
災害対策を「適切に組み合わせて一体的に講ずること」、「科学的知見及び過去の……教訓を踏まえて絶えず改善を図ること」が定められている。
(4)　情報収集、資源の適切な配分、生命と身体の保護の最優先（四号）
「できる限り的確に災害の状況を把握し、……人材、物資その他の必要な資源を適切に配分することにより、人の生命及び身体を最も優先して保護すること」が定められている。
(5)　被災者の援護（五号）
「被災者による主体的な取組を阻害することのないよう配慮しつつ、……被災者の事情を踏まえ、その時期に応じて適切に被災者を援護すること」が定められている。
(6)　速やかな復旧・復興（六号）
発災後は、「速やかに、施設の復旧及び……災害からの復興を図ること」が定められている。

東日本大震災津波の際の岩手県の運用　災対法に規定される前であったが、発災直後から、かかる基本理念に沿った運用がなされてきた。完全な予防は不可能であるため、減災を念頭に置き、防潮堤だけでなく、盛土によって嵩上げしている鉄道や幹線道路も含めて「多重」なものにしている。公助には限界があるとの発想には批判も寄せられているが、厳然とした事実でもあり、防災訓練や教育及び自主防災組織の設立などを通じて、自助や共助の促進が進められている。仮設住宅や災害公営住宅の建設などのハード面とコミュニティーの再建などのソフト面での復旧・復興など、あらゆる災害対策を組み合わせて効果的・効率的なものにしようとしている。状況の懸命な把握や資源の適切な配分は、日々実践しているし、発災直後から被災住民の生命と身体の保護を最優先に災害対策が講じられてきた。福祉避難所の設置・運営などの援護、迅速な復旧・復興にも懸命に取り組んでいる。

何をもって「復旧・復興」というか、「速やか」とはどれぐらいの時間なのかは明確ではないが、八年以上を経過しているのに復旧・復興が完了したとは言えないことは残念である。その原因は、制度というより、必要な事業などのボリュームが実施する能力をはるかに上回っているという部分が大きい。計画していた事業を終えるより、住民を中心とした自治体全体が完了の実感を共有するまで、復旧・復興は続くようにも思われる。

3　被災自治体行政機関の業務負担の軽減等と機能回復

制度等・実務の視点

被災自治体とりわけ市町村の行政機関は、その地域の災害対策と必要不可欠な行政サービスを提供するキーステーションである。当該行政機関が被災した場合、業務の負担を軽減したり、最低限の機能を回復させることの必要性や重要性は共有されていると解されるが、災害対策の「一般法」である災対法には、それについて特に規定されていない。一方、「特別法」である東日本大震災復興基本法二条二号には、基本理念として「被災により本来果たすべき機能を十全に発揮することができない地方公共団体があることへの配慮がされるべき」と規定されている。

被災市町村が業務の負担を軽減する手法としては、二つ考えられる。一つは、国や都道府県または他市町村に「肩代わり」してもらうことである。それには、大規模災害復興法第三章第三節に基づく復旧工事や、災対法八六条の五のほか東日本大震災津波限定だが東日本大震災災害廃棄物処理特措法四条に基づく災害廃棄物処理の「代行」がある。また、分野を問わない地方自治法二五二条の一四に基づく「事務委託」もある。もう一つは、同法第一一章第三節に基づく他自治体と一部事務組合や協議会を設置等して「共同処理」をすることである。事実行為や作業等の民間委託も、被災自治体に責任は残るものの、業務の負担の軽減にはつながるであろう。

機能の回復は、業務の負担の軽減、体制の整備や設備・機材など資源の確保により進められよう。

災害が大規模等であるほど、当該市町村の行政機関も被災している可能性は高まるが、当該行政機関が災害対策のキーステーションであり、最低限の業務を遂行できなくてはならない。相対的ではあるが、都道府県や国には、被災市町村の業務を吸収できるスケールメリットと専門性があり、その事務を担う法的な正当性があろう。

まずは、被災市町村の行政機関の業務の負担を減らし、当該機関が最低限の機能を回復し、直接担当しなければならない対策に労力を振り向けられるようにすることになろう。

東日本大震災津波の際の岩手県の運用

災害廃棄物は、量が膨大であったため、発生した地域以外で処理する「広域処理」が必要となった。他の都道府県への処理の呼びかけは、当初から国すなわち環境省が行った。後に制定・施行された東日本大震災災害廃棄物処理特措法六条一項も、「国は、災害廃棄物に係る……最終処分場の早急な確保及び適切な利用等を図るため、特定被災地方公共団体である市町村以外の地方公共団体に対する広域的な協力の要請……その他の必要な措置を講ずる」とし、国の事務とした。同法四条に基づく国による代行は、福島県では行われているが、岩手県では行われなかったため、同県の被災市町村の負担軽減にはつながらなかった。

一方、岩手県は、災害廃棄物処理と災害弔慰金の支給審査について、地方自治法に基づき市町村から事務委託を受けた。これにより、被災市町村の業務は減った。ただし、業務の内容によっては、柔軟性に欠ける部分があった。他の分野も含め、共同処理の例は、特には見当たらなかったが、民間委託は積極的に行われた。

被災市町村の機能回復は、その時点での業務のボリュームや執行体制の整備状況にもよるが、庁舎と情報通信やコンピュータ環境の復旧に負うところも大きい。庁舎が全壊した陸前高田市では、発災から二月経過した二〇一一年五月に、プレハブであるが仮庁舎を整備し、同年八月に住民基本台帳ネットワークに接続でき、住民サービスの必要不可欠な部分はこなせるようになった。

4　財源とコスト

制度等　災害対策には、多額の――内容や程度によっては莫大な――コストを要することが多い。しかも、人命に直結する初動や応急対策はコストを度外視して講じられる場合も少なくない。そのため、自治体は、予備費を予算計上するとともに、災害対策基金（災対法一〇一条）や財政調整基金を積み立てるなど一定の備えはするものの、必ずしも十分な額を確保できているとは言えない。財源も有限である以上、災害対策にもプライオリティーが附されるし、要するコストの低減は必要である。予防は重要であるが、場合や程度によっては過度な投資になりかねない。自治体の活動である以上、地方自治法で確認されているように、「最少の経費で最大の効果を挙げるようにしなければならない」（二条一四項）。コストは、財源の負担すなわち最終的には住民が「どんな災害対策に」「いつ」「どれくらい」負担するかに直結する。当該自治体だけでは負担しきれず、国の補助などを受けることも多い。国庫負担は、他自治体の住民も含む国民全体の負担でもあるので、その意味からもコストの低減は強く求められる。

実務の視点　少しでも早期かつ充実した対策を講じたい被災自治体は、国の財政支援に頼りがちになり、財政規律はそれほど高くないと指摘されている。しかし、フェーズの進行とともに、迅速性の要請も幾分弱まり、徐々にコストの低減が求められるようになる。「焼け太り」が懸念されることもあるが、被災自治体には財政的な余裕はないので、実際には過度な支出は考えられまい。予防においては最もシビアにコスト低減が求められるが、コストの多寡と得られる成果の兼ね合いの判断も非常に難しい。

東日本大震災津波の際の岩手県の運用等　全額国庫負担になるものも多く、「自分の財布は傷まない」ので、自治体側は、初動や応急対策時を中心に、スピード等を重視し、コスト意識が薄れがちになっていた部分もあったように思われる。また、国と相当のやりとりを重ねたが、当該負担に頼りすぎるあまり、「国の言いなり」になっているのではと思われる場合も散見された。

5　フェーズによって変わるプライオリティー

制度等・実務の視点　災対法二条の二のように、災害対策全体を通じ、人命及び身体の保護を最優先とし（四号）、迅速に行う（一号及び六号）のは当然の前提である。人命及び身体の保護に直結する初動や応急対策では最高度の迅速性が、応急対策ではさらに復旧・復興へのソフトランディングが、復旧・復興では住民等の意向の反映、利害の調整や平時へのスムーズな移行が尊重されよう。このように、災害対策におけるプライオリティーは、フェーズや進捗状況等により変わり得る。

東日本大震災津波の際の岩手県の運用等　災害対策全般ひいては平時の活動においても、被災住民の人命等の保護を最優先し、次いで生活の再建を優先した。住環境の確保において、初動の避難所や応急対策における仮設住宅の供与は人命と直結するため、まずスピードを優先したが、ある程度落ち着いてくるとプライバシーや住み心地に配慮するようになった。復旧・復興における恒久住宅や災害公営住宅の建設では、その後の生活や満足度も重要視している。

6　災害対策のフェーズはシームレス

制度等・実務の視点

災害対策のフェーズは、理論的には区分でき、さらには境界（ボーダー）や継ぎ目（シーム）がある。もっとも、実際には、それらは明確ではなく、むしろ相互につながっており、連携が必要である。次のフェーズにスムーズに移行できるよう、前のフェーズでの準備や「仕込み」が重要である。

東日本大震災津波の際の岩手県の運用等

被災者の住環境の確保のため、初動では、避難所の開設・供与と並行して、応急対策での仮設住宅の建設をスムーズに進めるため、その建設計画の策定や用地の選定を行った。応急対策では、仮設住宅の建設・供与と並行して、復旧・復興での災害公営住宅の建設に移行できるよう、その建設計画の策定や用地の選定を行った。

災害廃棄物処理でも、初動では、道路の啓開とともに、応急対策から本格化する処理のため市町村から県への事務委託を検討し、応急対策では処理詳細計画を作成しながら、復旧・復興での破砕・選別や別の都府県での広域処理のスキームを検討した。

7　いずれは戻る平時へのソフトランディングと平時の行政活動の見直し

制度等・実務の視点

災害対策のフェーズ間だけではなく、「平時」と「非常時」の間もシームレスである。

災害対策は予防を除き時限であり、いずれは「平時」に戻るし、それが目的でもある。

時間で見れば「平時」の方が大半である。用いる法制度についても、災対法での特例は応急対策に限られているのであって、平時のものがベースであり、大半はその運用での対応となる。したがって、平時へのソフトランディングが不可欠である。

ただし、「非常時」では、想定外の事態などが頻発する限界状況での運用のため、現行の法制度のひずみや未熟な点が可視化される場合がある。「平時」へのソフトランディングにあたり、それらを克服するために法制度を見直したり、運用を柔軟化することがある。

東日本大震災津波の際の岩手県の運用等　岩手県は、災害廃棄物の約八八パーセントをリサイクル処理した。これは、迅速な処理という点でも環境保全という意味でも非常に有効であった。リサイクル処理が有意義であることは、平時でも広く共有されているが、要するコスト、リサイクル製品の品質やそれに対する感情の問題などから、それほど進んでいるとは言えない。処理体制も堅固とは言い難い。災害対策だから高い率でのリサイクル処理ができたという面もあるが、平時においても実現すべきである。平時の体制が確立していないと、災害対策時に用いることは難しい。そこで、岩手県は、被災した経験を踏まえ、平時のリサイクル処理を進めるよう国や自治体、産業界や学界などに呼びかけている。

四　自治体災害対策の主体と責任等

災害対策は、それを講じる主体により、大きくは、①被災住民一人一人による自助、②被災住民の集まりや他地域の住民による共助、③行政部門である自治体や国の行政機関による公助に整理される。

1　住民一人一人——自助

制度等・実務の視点　災対法上、「自助」という用語は用いられていないが、基本理念の中の「住民一人一人が自ら行う防災活動」（二条の二第二号）がそれに当たると解されている。その主体は住民である。自然人だけでなく、法人も含まれていると解される。災害対策は「公助が原則」と認識されているような印象を受けるが、そもそも、住民の生命や身体、財産や生活を守るのは住民自身であり、自助が災害対策の中心であるのは自明である。特に、災害が大規模等であればあるほど、公助でカバーできる範囲は相対的に狭くなるので、いっそう自助が重要である。そもそも災害対策法制は「自然災害に関する復旧等は、被災した側の責任で行うべきである」という考えが根本にあるとの指摘もある。

東日本大震災津波の際の岩手県の運用等　避難は、公助の面も大きいが、生死と直結するギリギリのところでは自助が中心と思われる。現在は、「一人でいいから逃げろ」「各自てんでんばらばらに逃げろ」という意味の「てんでんこ」という言葉が注目されている。

2　コミュニティー等――共助

制度等・実務の視点

「共助」も、災対法で明確には規定されていないが、基本理念の「自主防災組織……その他の地域における多様な主体が自発的に行う防災活動」（二条の二第二号）であると解されている。その主体は住民「同士」と言える。実際には、被災地域のコミュニティーが中心ではあるが、災害ボランティアなど他の地域の住民によるものも含まれよう。被災が大規模等であれば、近隣地域も被災していることも多い。地理的に離れた他地域の住民による支援も非常に有効である。共助は、自助に次いで、公助が及ばない場合や、平時の日常生活と深く関わる予防の際に、特に大きな役割を果たすものと思われる。ただし、行う側の自由意思あるいは善意によるものなので、安定的に確保できないこともあり得よう。

東日本大震災津波の際の岩手県の運用等

釜石市鵜住居《うのすまい》地区は、壊滅的な被害を受けたものの、小中学校で一人の犠牲も出さなかった。「鵜住居の奇跡」として有名であり、自助でもあるが共助の典型例と思われる。小学校では、児童は校舎の上層階に逃げるよう指示されていたが、隣の中学校の生徒が山に逃げる過程で、「ここでは危ない。山に逃げよう」と小学生を促したり手を引いたりして逃げたというのである。小学校の校舎は全壊しており、そこに残っていれば、相当の犠牲者が出たものと推察される。これには、中学校での防災教育が果たした役割も大きかったようである。津波の速さを疑似体験できるように、津波の速度で自動車を走らせ、その自動車に追い越されないようにと訓練していたとのことである。

3　自治体や国──公助

制度等・実務の視点　「公助」も、災対法で明確には規定されていないが、基本理念の「国、地方公共団体及びその他の公共機関」（二条の二第二号）が、自助や共助では間に合わないときに補完して災害対策を講じるものと解されよう。その主体は行政機関が中心であるが、エネルギー、輸送、通信等公共性のある業種の民間会社も「指定公共機関」（二条五号）に指定されていれば、公助の主体となる。住民も、被災現場に遭遇した場合に市町村長による災害対策への従事命令が下される「人的公用負担」（六五条）により、行政機関等のコントロール下で間接的ではあるが、公助の主体となり得る。

公助では、「発動」または「解除」の要件やタイミングが問題となろう。自助または共助で賄えない場合やそれさえ考える暇もない場合に発動され、それらの要件を満たさなくなったり、状況が解消すれば解除されると解される。その具体的な時点はいつなのか。特に、解除が問題となろう。解除しても被災した住民が健康で文化的な最低限度の生活を営む生存権（憲法二五条）が保障されることの確認が必要と思われる。

東日本大震災津波の際の岩手県の運用等

未曽有の大災害であることが明らかなため、救出や災害廃棄物の撤去など当初から公助が講じられた。

コラム①　野蒜小学校事件が語りかける「公助」及び「共助」の意義と難しさ

宮城県であるが、避難場所として指定されていた東松島市立野蒜《のびる》小学校が津波に襲われ、避難していた住民二名と避難登校後に自宅に帰宅した児童一名が亡くなるという痛ましい事件があった。遺族による国家賠償請求が行われ、判決が下されている（仙台地裁判決二〇一六年三月二四日、仙台高裁判決二〇一七年四月二七日、最高裁決定二〇一八年五月三〇日）。本件では、同校校長が体育館に避難した住民を校舎二階に避難誘導しなかったことと、児童をあらかじめ登録しておいた災害時児童引取責任者ではない同級生の父親に引き渡したことの過失が問われた。

当該避難誘導については、一審・二審判決とも、その時点での情報では、想定を上回って要避難区域の外側に位置する同校体育館まで津波が到達することを具体的に予見できず、本件校長に法的義務はないとして請求を棄却した。二審判決は、さらに、住民は、自ら情報を収集・分析・判断し、適切な避難行動をとることが可能なので、「本件校長の……責務は、……学校施設を、避難場所……として……使用上の問題がないことを確認して解錠、開放して、避難者の使用に供することが主要なものであり、……当然に避難者らを誘導する義務まで負ってい……ない」との判断を加えている。避難場所の管理者の「公助」としての責任が問われたとも解されるが、避難は「自助」が原則であるし、災害対策の「専門機関」でない学校に高度の判断とスキルを求めるのは無理があるので、妥当と思われる。かかる責任まで問われるとなると、避難場所の指定を承諾しない学校が生じかねないように思われる。

当該児童引渡しについては、一審・二審判決とも本件校長の過失を認め、請求を認容した。特別な事情がなく制度に反した運用であり、裁判所の判断としては、やむを得ないと思われる。ただし、学校側が引き渡したのだから「公助」という側面はあるが、当該児童の同級生の父親が自ら当該児童を送ることを申し出たのであり、実態は「共助」と言えよう。本来であれば賞賛に値するものであったが、結果は最悪となった。たしかに当該引渡しがなければ結果は回避できたと思われる。しかし、多数の児童を抱える学校側としては、保護する児童を一人でも減らしたいことは当然である。何が幸・不幸につながるかはわからない。結果だけで問責されるのでは、保護者や住民は、本来有意義な共助を、おいそれとはできないと考えてしまうのではなかろうか。

4　自助・共助・公助の関係

制度等　自助・共助・公助の相互の関係は、現行法上明らかにされていないが、最も優先される生命、身体の保護を考えれば、自助が原則であることは明らかである。共助は自助が共同体的または連携的・集団的に発展したものであり、「共同で自助を行うもの」とも整理できようが、一般的には「自助の補完」と捉えられている。一方で、災害対策は行政の基本的な任務であり、公助が原則と捉えられてきた部分も大きい。しかし、公助は、公金と人員と権限を用い自治体や国の行政部門が大掛かりに行うもので、自助や共助で間に合わないときに、「最終的に補完」するとの整理で定着しているように思われる。それは公助の発動における消極的要件と言え、かなりの曖昧さを残すが、感覚的には理解できるし、一応の要件となり得よう。これに対し、積極的要件の議論は、十分ではないように思われる。

実務の視点　災害対策のフェーズや個々の対策の内容により、自助・共助・公助の優先順位や強弱は異なり得る。発災直後は、各主体とも混乱し、被災の全容もわからず、公助の手も足りず、適切な役割分担は難しい。しかし、初動でも、自助ではどうにもならない部分は、最初から共助や公助で行われる。大規模等であっても、公助する側が壊滅的状況であれば、自助・共助によらざるを得ない。

東日本大震災津波の際の岩手県の運用等　初動では、生存者や遺体の捜索は、崩壊した建物の付近等で行われるため危険を伴う。また、重機等も必要であることから、公助が中心となった。応急対策では、能力や財源の問題もあり公助が優先したが、細かい業務で活躍したボランティアは、広い意味での共助である。復旧・復興では、持ち家の再建や事業活動の再開に向け公的な補助があるものの、被災住民や事業者が行う自助の部分が大きい。このように、自助を共助が、最終的には公助が補完するという「原則」にかなり沿っていると言えよう。ただし、実際には、自助・共助・公助のいずれによるべきか、公助でどこまでできるかは明確ではない。

第三章　自治体災害対策総論（二）

——自治体災害対策の資源（ヒト・モノ・カネ）

政策や施策一般と同様、災害対策にも、資源すなわち「ヒト」「モノ」「カネ」が必要である。総論の二つめとして、かかる視点から概観する。

一　ヒト——組織の整備・自治体内外との連携・職員の確保等

1　被災自治体の行政機関内

自助の主体は住民それぞれが、共助の主体は家庭やコミュニティーが中心であり、自然発生的あるいは所与のものとして存在する。これに対して、公助の主体の中心は、行政機関という「人工的」な「組織」である。そのなかでも中核を担う自治体の行政機関には、平時から災害対策のための組織（地方防災会議、消防や警察等）や部署（長部局の防災課等）がある。発災直後は既存の体制でフルに活動するが、災害の規模等に応じ、必要があれば強化される。災害対策の目途が立ってくると、それらの体制は少しずつ縮小し、徐々に本来の部署や体制で取り組むようになる。

(1) 実際の事務の体制

制度等　自治体災害対策の個別・具体的な業務を担当する部署は、当該自治体の分掌事務に関する条例（地方自治法一五八条）等や地域防災計画（災対法四〇条、四二条）で定められる。

実務の視点　「平時」の予防や中小規模の災害の対策は、防災担当部署が中心となり、関係部署と連携しながら、既存の体制でこなす場合がほとんどである。しかし、その災害が大規模等であるほど、被災自治体では、瞬時に発生した災害対策業務が、爆発的に増加する。当該自治体の行政機関まで被災すると、組織の力もマンパワーも不足し、担当部署・関係部署だけでは手が回らなくなる。そうなると、全庁的な体制をとり、まずは当該自治体（行政機関）内での対応を行う。

東日本大震災津波の際の岩手県の運用等　岩手県では、中小規模の災害の場合、総務部総合防災室が中心となって関係部署と連携しながら、既存の体制で災害対策を行う。しかし、東日本大震災津波の際、発災から一か月経ち、初動が終わって応急対策が本格化した二〇一一年四月下旬に、総合防災室とは別に部相当の「復興局」が立ち上げられた。それ以降の応急対策や復旧・復興は同局が中心となっている。それ以外の災害の対策は、それまでと同様に総合防災室が中心となって担当している。

(2)　全庁の調整と意思決定の機関――平時の防災会議と災害時の災害対策本部

制度等・実務の視点　個別の防災関係機関の措置を総合的かつ整合的に調整する機関として、平常時に設置される「防災会議」と、非常時である発災の前後に設置される「災害対策本部」がある。

災対法に基づき、自治体は、国の出先機関である指定地方行政機関の長や陸上自衛隊方面総監や当該自治体の職員等による「地方防災会議」すなわち都道府県防災会議と市町村防災会議を設置し、それぞれの地域防災計画を作成したうえで実施し、防災に関する重要事項を審議する（一四条、一六条）。市町村防災会議は、複数の市町村で共同して設置することもできるし、設置が不適当または困難な場合には設置しないこともできる（一六条）。地方防災会議は、地方自治法一三八条の四第三項の附属機関であり、諮問機関と実施機関の性格を併せ持つ。毎年一回以上開催され、地域防災計画の見直し等を行っている。自治体相互間の地域防災計画を作成する場合には、地方防災会議の協議会を設置できる（一七条）。

災害が発生し、またはそのおそれがある場合、必要に応じ、当該自治体の長は、災対法及び地域防災計画の定めるところにより、当該自治体の職員により構成する「災害対策本部」すなわち都道府県災害対策本部あるいは市町村災害対策本部を設置し、情報収集や災害対策の方針を作成し実施する（二三条、二三条の二）。災害時に臨時に設置される組織であり、応急対策までを所掌し、それが終了すれば解散される。復旧・復興以降の調整機関は、特に法定されていない。

東日本大震災津波の際の岩手県の運用等

岩手県は、防災会議を例年年度末に開催するが、その前提として、各組織の長に次ぐ職員による幹事会で実質的な議論や調整を行っている。

岩手県は、二〇一一年三月一一日の発災とほぼ同時に災害対策本部を設置した。同本部の下に本部支援室を設置し、総務班等五班と各部局職員の連絡員であるリエゾンを配置した。二週間後の三月下旬には改組し、各班の下に個々の災害対策に対応するチームを配置した。同本部は、応急対策が一段落した発災から五か月後の八月一一日に廃止され、その後は東日本大震災津波復興本部に移行した。

(3)　相談窓口の一元化

制度等・実務の視点

初動等で混乱している場合ほど、被災自治体は、国や都道府県との相談窓口を一元化することが合理的である。

東日本大震災津波の際の岩手県の運用等

岩手県は、二〇一一年三月下旬から五月上旬まで、市役所等庁舎が全壊した陸前高田市と大槌町に、一定の権限を付与できる主査級以上の職員二〜四名を派遣し、二週間程度の交代で常駐させ、両市町の岩手県に対する相談等の窓口を一元化した。岩手県側も被災市町村から相談を受ける窓口を一元化し、市町村行財政のサポートを担当する政策地域部市町村課で被災市町村からの全ての分野にわたる疑義や相談を受け付けた。特筆すべきは、担当部署に振り分けて検討を依頼し、二四時間以内に当該市町村に回答する「ワンデー・レスポンス（one-day-response）」を実施したことである。国も同様の体制を採り、総務省で都道府県等からの照会を受け、担当省庁と調整し、迅速に回答等を行った。関連する業務についても、随時連携・協議し遂行した。

2 行政主体間の連携

制度等　発災後は、災害対策業務が急増し、人手は不足する。しかし、採用による増員も難しい。しかも、災害対策には柔軟性や機動性が求められ、人材には「即戦力」であることが求められる。そこで、第二章三3で見た他団体による事務の代行等による負担の軽減の他、日頃同様の仕事をしている他自治体職員の派遣による支援等が考えられる。

「職員の派遣」には、国からは出張扱いや割愛採用によるものが、自治体からは出張扱いや地方自治法二五二条の一七によるものがある。とりわけ、政令市は、通常の市町村の事務に加え、当該地域における都道府県の事務、すなわち自治体の事務全てを行う「完全自治体」であり、その職員の支援とその適切な配置はきわめて有効である。しかし、このような職員派遣があっても、応援職員等の住居や執務等の環境が調っていなかったり、せっかくの専門知識を活かせる適切な配置ができないと、効果的・効率的な災害対策につながらない場合がある。そこで災対法は、地方防災会議に、地域防災計画の策定にあたり、円滑に応援を受けること（受援）ができるよう配慮を求めている（四〇条三項、四二条四項）。

実務の視点　派遣する側は、当初は被災等の状況がわからない上、自団体の職員に余力があるわけではないので、出張扱いとするところが多い。状況を把握でき、ある程度の長期化が見込まれると地方自治法二五二条の一七に基づく派遣が行われよう。派遣職員も自団体が被災した際のシミュレーションやOJTにもなり、双方にとってメリットがあることも少なくない。

東日本大震災津波の際の岩手県の運用等

岩手県への応援職員の派遣のピークは、発災から三年後の二〇一四年であり、六七二名であった。その後、年々減少している。

コラム②　やはり政令市は完全自治体！

「完全自治体」である政令市から派遣される職員は、被災自治体にとっては非常に心強い存在である。筆者が担当した災害廃棄物処理についても、政令市から応援を頂いた。県は廃棄物処理についての許認可や指導監督等は行うが、実際の処理に携わることは少ない。災害廃棄物は現行法上「一般廃棄物」とされているものの、県職員は一般廃棄物の処理の実務経験はほぼ皆無。しかし、政令市はこれらの全ての事務を所管している。派遣職員が廃棄物処理の全ての事務を経験しているとは限らないが、全てに目配りできることは明らかだった。実際の廃棄物の処理のマネジメントでは、それを経験しているからこそできる「職人ワザ」的なところをふんだんに見せてもらった。災害対策時には、自治体の組織としても職員個々としても総合力が問われる。そのようなときは政令市のノウハウは素晴らしく参考になり、その応援はきわめて頼りになる。

3　民間との連携

制度等・実務の視点　公助であっても、平時の行政活動と同様に、自治体は、仮設住宅の建設工事や災害廃棄物の運搬・処分など事実行為や作業を民間に委託できる。災対法上、輸送や通信など公共性の高い業務を行う企業等を指定公共機関として公助に携わらせることもできる（六条）。また、「市町村長は、当該市町村の地域に係る災害が発生し、又はまさに発生しようとしている場合において、応急措置を実施するため緊急の必要があると認めるときは、……住民又は……現場にある者を当該応急措置の業務に従事させる」（六五条一項）、いわゆる「人的応急公用負担」ができる。知事も関係者に従事命令できる（七一条一項）。救助のためであれば、災害救助法に基づき、「知事は、……特に必要があると認めるときは、医療、土木建築工事又は輸送関係者を、……救助に関する業務に従事させ」（七条一項）、「救助を要する者及びその近隣の者を救助に関する業務に協力させることができる」（八条）。

東日本大震災津波の際の岩手県の運用等　岩手県は、仮設住宅の建設をプレハブ建築協会の会員企業に、災害廃棄物の運搬を貨物運送会社に、処分を処理施設を運営する自治体や会社等に、復旧工事をゼネコンや地元の建設業者等に委託した。

4　ボランティアとの連携

制度等・実務の視点

災害ボランティアは、災対法上、定義されていないものの、一般的には、「個人・法人を問わず被災者の援護等のために自発的に防災活動に参加する者全般」と解されている。「住民の隣保協同の精神に基づく自発的な防災組織」（二条の二第二号）とは限らないが、それに類するものであり、広義的には「共助」に該当すると言えよう。「国及び地方公共団体は、ボランティアによる防災活動が災害時において果たす役割の重要性に鑑み、その自主性を尊重しつつ、……連携に努めなければならない」（五条の三）とするとともに、その「防災活動の環境の整備、……自発的な防災活動の促進」の「実施」に「努めなければならない」（八条二項柱書及び一三号）。人手が不足する際、その意義は大きい。直接被災していない国民等の中にも、被災状況を見て、自らの手で支援したいと考える者も非常に多く、被災地域のニーズとマッチングできれば実現する。

対象となる業務は、災害対策全般にわたるが、多いのは、行政部門の手が回らない、炊き出しや生活物資の引渡し、独居高齢者等の話を聴く傾聴や、公益性の点から優先順位が相対的に低い個々の民家の災害廃棄物の撤去や泥掻きなどであるが、日々刻々と移ろう。具体的に「誰」に「どの場所」の「どの業務」を担当してもらうかのコーディネートが必要である。被災した都道府県や市町村の社協が、災害ボランティアセンターを設置して行う。

東日本大震災津波の際の岩手県の運用等

発災直後から、国内外での災害ボランティアの実績が豊富で専門性も自己完結能力も高いＮＰＯ（非営利団体）やＮＧＯ（非政府組織）等が続々と現地入りし、積極的に活動を展開した。災害ボランティアの受入れの拡大に伴い、その活動内容も多岐にわたった。時間の経過とともに被災者ニーズも変化し、当初は避難所運営や災害廃棄物の撤去等の肉体労働が中心だったが、被災者の仮設住宅等への移転に伴い、巡回訪問やお茶飲み場の提供など見守り型の生活支援・生活環境改善支援へとシフトしていった。当初は公助と一体的であったが、徐々に公助では行き届かない、各民家の「泥掻き」や「畳上げ」などをカバーした。これらは細かいが個人で行うには難しく、災害ボランティアなくしては到底できなかった。このように、被災現場が一定の落ち着きを取り戻してきた応急対策時以降は特に、その活動は有意義であった。

コラム③　経験豊富なボランティア

非営利団体などの組織に属しているか、個人で参加するかにかかわらず、災害ボランティアをライフワークにしている方は少なくないようである。筆者は、二〇一六年の台風一〇号被害に遭った岩泉町で、岩手県社会福祉事業団が募る災害ボランティアに参加したが、現地へのバスの中で「昨日までは、大地震のあった熊本に行っていた。先月も別の被災地に行っていた」と語る者がいた。「何回やった」とか

「どこに行った」というのを自慢しているように感じ、その時は冷ややかに見ていた。

東日本大震災津波の教訓を踏まえ、災害ボランティアを経験した県内のＮＰＯが現場の作業全体をコーディネートした。筆者は、民家に入り込んでいた「土砂の掻き出し」を担当したが、そこにも各地の災害ボランティアを経験したという者が数人含まれていた。具体的な作業となった時の、経験豊富なボランティアの周到な準備と作業の「手際よさ」といったら！「プロか?」というほどだった。彼らは現場に着くや否や、上下とも泥まみれになることを想定し、使い捨てや愛用のカッパをおもむろに取り出し装着。現場に準備された用具に加え、持参した「愛用」の小道具を用い、我々「素人」に、やんわりと助言し、効率的かつ効果的に作業が進むようにしてくれたのである。その「熱さ」にも感心しながら作業を進めた。彼らの協力は、非常に心強い。

5　職員の採用

制度等・実務の視点

現行の組織間の連携や他自治体などからの職員派遣でも間に合わない場合には、職員の採用が検討されよう。災害対策の業務は時限的であるので、任期付きの採用もあり得る。

表５　被災自治体が処理能力を超える事務を処理する方策

第二章三３及び本章一を表にまとめると以下のとおりである。ただし，本章一については被災自治体の行政機関内での対応(1)，共助でもあるボランティアとの連携(4)を除いている。

<table>
<tr><th>責任等</th><th colspan="2">方　策</th><th>相手方</th><th>根拠等</th></tr>
<tr><td rowspan="8">被災自治体が責任と権限を保持</td><td rowspan="3">被災自治体が事務実施</td><td>職員の採用</td><td>特になし</td><td></td></tr>
<tr><td>職員派遣の受入れ</td><td>国，他自治体，民間</td><td>地方自治法 252 条の 17，出張扱い，民法上の契約</td></tr>
<tr><td>民法上の委託</td><td>民間</td><td>民法上の委託契約</td></tr>
<tr><td rowspan="5">他自治体と負担を分担</td><td>連携協約</td><td>他自治体</td><td>地方自治法 252 条の 2</td></tr>
<tr><td>協議会</td><td>他自治体</td><td>地方自治法 252 条の 2 の 2</td></tr>
<tr><td>機関等の共同設置</td><td>他自治体</td><td>地方自治法 252 条の 7</td></tr>
<tr><td>事務の代替執行</td><td>他自治体</td><td>地方自治法 252 条の 16 の 2</td></tr>
<tr><td>一部事務組合，広域連合</td><td>他自治体</td><td>地方自治法 286 条，291 条の 2</td></tr>
<tr><td rowspan="4">被災自治体から責任と権限を移動</td><td colspan="2" rowspan="2">代　行</td><td>国</td><td>災対法 86 条の 5 第 9 項（東日本大震災災害廃棄物処理特措法 4 条）</td></tr>
<tr><td>国，県</td><td>大規模災害復興法 43 条～52 条</td></tr>
<tr><td></td><td>事務委託</td><td>他自治体</td><td>地方自治法 252 条の 14</td></tr>
<tr><td colspan="2">事実上の代行（施設等を整備して譲渡）</td><td>国，他自治体</td><td></td></tr>
</table>

厳しい財政状況から、自治体職員は減員基調であったが、発災した年から、岩手県も被災市町村も大幅に職員を採用し、増員している。任用の形態も常勤のほか任期付き採用など、多様化している。

東日本大震災津波の際の岩手県の運用等

二　モノ（一）――情報・通信・広聴・広報・記録等

1　情報の収集及び共有とそのための通信等

制度等

被災状況、気象、災害対策の進捗状況や有識者の知見等の情報は、災害対策の判断の材料となり、その収集、共有のための通信手段とともに、非常に重要である。災対法は、「必要な情報を収集することが困難なときであっても、できる限り的確に災害の状況を把握……すること」を基本理念とし（二条の二第四号）、国及び自治体に、「情報通信等の都市機能の集積に対応する防災対策」、「気象……〔等〕の観測、予報、情報……並びに防災上必要な通信に関する施設及び組織の整備」、「災害の予報及び警報の改善」、「地震予知情報……を周知させるための方法の改善」、「気象観測網の充実」や「防災上必要な研究、観測及び情報交換についての国際的協力」に関する事項の実施について努力義務を課している（八条二項）。情報の収集・伝達及び共有の重要性が極限にまで高い初動及び応急対策の規定であるが、災害応急対策責任者にも、その努力義務が課されている（五一条）。電話（固定、携帯）やパソコンメールを中心とした通信ネットワーク等のハード面についても、「施設及び設備の応急の復旧」(五〇条一項五号)として応急対策に含まれると解される。

実務の視点　情報の収集と共有の重要性は強く認識されており、他の災害対策と並行しながらも、最優先で進められる。これらが最も困難なのは、発災直後(災対法二条の二第四号)すなわち初動時である。このフェーズでは、情報が不足しがちで、特に被害が甚大な地域からの情報は伝えられてこないことが多い。また、その正確性や詳細さ、頻度も、状況により区々である。災害対策のキーステーションとなる市町村の行政機関が大きく被災するなどして、都道府県や国とさえ通信が断絶している場合には、事態は深刻である。

避難行動要支援者名簿(災対法四九条の一〇)についても、個人情報保護との関係から、なかなか用いられていないとの指摘もある。

東日本大震災津波の際の岩手県の運用等　発災直後は電話回線がパンクしたり、電話線が津波で切断されたりし、携帯電話会社の基地局も損壊されたため、固定電話も携帯電話も、しばらくつながらなかった。市役所等の庁舎や情報ネットワークも大きく損傷し、「防災行政無線」さえ機能せず、災害に強いはずの消防機関や警察とも連絡がつかなかった。総務省から電話事業者に協力が要請され、衛星携帯電話が岩手県と被災市町村に貸与されてから、ようやく現地と直接やりとりができるようになった。

コラム④　衛星携帯電話通話者の背後での喧噪

各市町村に貸与された衛星携帯電話は当初は一～二機だったので、市町村の誰が電話を取るかわからなかった。通話者からも緊張と焦りが伝わってきた。何よりも、通話者の背後の音が耳に残っている。指示なのか、住民からの苦情あるいは怒号なのか、内容は聞き取れないことも多かったが、いつも大きな声が聞こえた。ある時はドタバタと走っている音が聞こえた。当時の現地での混乱と関係者の緊張はいかばかりだったのであろうか。あらためて思い起こされる……。

2　広聴と広報

制度等・実務の視点

情報の収集と共有の一環でもあるが、被災した住民を始めとする関係者のニーズや意見を収集するため、文字通り「広」く「聴」く広聴と、収集された情報や自治体の判断等を「広」く「報」じる広報も、きわめて重要な災害対策である。

被災地域が落ち着くまでは、広報の方が優先するように思われる。初動及び応急対策のフェーズでは、義援金及び応援物資の配分や生活ごみの収集、応急対策が本格化してからは、災害対策の方針や各種の計画、具体的な工事等の日程の周知などである。自治体は、書面だけでなく、説明会を各地区で、夜間や休日にも行うなど工夫するが、生活が落ち着き、情報も多くなると、住民の足は遠のくようである。

被災自治体の行政機関は、初動時でも、避難所生活の最低限のレベルを確保するため、避難者のニーズや意見を聴く。応急対策の進捗につれ、広聴も本格化し、範囲も拡大する。各種説明会での参加者とのやりとりだけでなく、避難所単位、仮設住宅「団地」単位、行政区単位でのアンケートなども行われる。広聴についても報道機関との連携はきわめて重要である。

東日本大震災津波の際の岩手県の運用等

広聴と広報は、被災市町村が中心となって行った。岩手県も、多様な手段で広報している。被災住民や県民だけではなく、広く復興の状況を総合的に伝えるものとして、二〇一二年二月から『いわて復興インデックス』や、二〇一四年一二月から『いわて復興の歩み』などを作成している。

3　記録と伝承

制度等・実務の視点

災害対策につき「絶えず改善を図る」には「過去の災害から得られた教訓を踏まえ」ることが必要であり（災対法二条の二第三号）、記録と伝承はその前提である。もっとも、災害の規模等により、その対策も千差万別であり、近隣や近時のものであっても前例がそのまま当てはまることは稀であろう。しかし、その記録は後世の大事な参考になる。災害対策で国や他自治体——場合によっては世界中——から支援を受けていれば、経験とそれに基づく知見などを示すことは、支援を受けた側の責務とも言えるであろう。また、他の地域に対してもそうだが、とりわけ将来世代に伝承する意義は大きい。

東日本大震災津波の際の岩手県の運用等

岩手県は、復旧・復興に移行した後の二〇一二年二月に初動及び応急対策を検証した岩手県検証報告書を、翌年三月にはその時点までの復旧・復興を含めた岩手県記録を、その後は各部局が、それぞれの災害対策の報告書等をとりまとめた。それらを登載した岩手県公式アーカイブを岩手県公式ウェブサイトで二〇一七年四月より公開している。本書においても、いたる箇所で参照・引用している。

三　モノ（一）——災害対策法制

1　主要な法

災害対策は、場合によっては、被災自治体だけではなく、国を挙げて取り組み、相当の労力と資源の投下を必要とする。したがって、総合的かつ計画的に進められなければならない（災対法一条）。予防を除き——場合によってはそれも含めて——、非常時に講じられるため、「超法規的措置」を求める声が生じることも少なくない。しかし、公金を用い、公権力を行使し、住民の権利を制限することもあり得る以上、法治主義すなわち法律による行政の原理に服する要請は高い。したがって、その活動の大半は法令を根拠とし（法律の留保。地方自治法一四条二項等）、それらに反してはならない（法律の優位。同法二条一六項等)。

災害対策は広範囲にわたるため、根拠となる法令も膨大である。総務省の「ｅ‐Ｇｏｖ法令検索」によると(二〇一九年七月三〇日閲覧)、本文に「災害対策」を用いている法律は五九本、「災害」を用いている法律は五五五本であり、「法令群」すなわち「法制」をなしていると言えよう。形式、時系列、主体、財源、災害の種類や内容という視点から概観する。

(1)　形　式

災害対策法制を構成する法令には、憲法のほか、法律、政省令、条例、規則がある。そこでは、災対法を「基本法」として、「個別法」である災害救助法や災害弔慰金法等、その下に災害救助法施行令等の政令や災害救助法施行規則等の省令――「規則」とも言う――がある。自治体では、(福岡県)中間市などが「災害救助条例」を、(東京都)荒川区などが「災害対策基本条例」を、(大阪府)箕面市が「災害時における特別対応に関する条例」を、徳島県が「震災に強い社会づくり条例」を制定し運用している。

(2)　時系列

災害対策の全てのフェーズに災対法が関わる。その上で、初動においては、自衛隊や警察の応援要請を規定する自衛隊法や警察法、消防への命令を規定する消防組織法、避難のための立退きの指示を規定する水防法・地すべり防止法・警察官職務執行法・消防法、避難所の供与を規定する災害救助法などが関わる。

応急対策においては、当面の衣（衣類の貸与など）・食（炊き出しなど）・住（仮設住宅の供与など）の確保を規定する災害救助法が、災害廃棄物処理については廃棄物処理法が関わる。

復旧・復興においては、まちづくりについては都市計画法、区画整理法や防集特措法が、災害公営住宅の建設については公営住宅法が、被災者の生活再建については災害弔慰金法や生活再建支援法が関わる。

予防においては、国土強靭化基本法などが関わる。

(3) 主　体

災害対策を実施したり、影響を受ける主体によって、地方自治法、警察法、消防法、自衛隊法などが関わる。

(4) 財　源

災害対策に要する財源については、全体的には災対法に加え、自治体が行う部分には地方自治法、地方財政法や地方交付税法などが関わる。さらには、初動及び応急対策での災害救助に要する経費については災害救助法が、災害廃棄物処理に要する経費については廃棄物処理法などが、公共施設等の復旧に要する経費については公共土木施設復旧国庫負担法などが関わる。災害が大規模等の場合は補助率を嵩上げする激甚法がある。東日本大震災津波のように未曽有のものについては、財源特措法が制定される場合がある。

(5)　災害の種類や内容

東日本大震災津波などの大規模等災害が起きると、東日本大震災復興基本法、東日本大震災財源特措法、東日本大震災復興特区法などが制定されることがある。大規模災害の「一般法」としても大規模災害復興法がある。

地震については大規模地震特措法が、津波については津波対策推進法が、火山の噴火については火山対策特措法が、豪雪については豪雪対策特措法がある。

コラム⑤　「災害」法？「災害対策」法？「防災」法？

災害対策に関する法は「災害」法と呼ばれたり、「災害対策」法あるいは「防災」法と呼ばれることがあるが、一体どれが適切なのだろうか？

内閣府が作成する『防災白書』は、「災害対策」法を用いている。当該白書が用いる「防災」とは、広辞苑によると「災害を防止すること」とされ「予防」と解されるが、災対法二条二号では「災害を未然に防止し、……被害の拡大を防ぎ、……復旧を図ること」と定義されており、同法一条の「災害対策」とほぼ同義と解される。しかし、大規模地震特措法二条二号では、地震「防災」を「地震災害の発生の防止又は地震災害が発生した場合における被害の軽減をあらかじめ図ること」としており、事前対策部分に限定しているものと解される。

このように、いずれの整理もあり得る。法は社会の常識と必ずしも一致しない語法を用いることがあるが、社会で用いるツールである以上、両者が一致する方が望ましいことは当然である。そうすると、「災害」だけでは「対策」という行為が表現されておらず、「防災」では未然防止か、せいぜい拡大防止の部分を意味するように思われ、復旧・復興どころか応急対策も、あるいは初動まで含むと捉えるのに違和感を覚えるのではないか。「災害対策基本法」も、制定過程で、当初は「防災基本法」という名称だったが同様の理由により見直された。筆者は、「災害対策法制」という用語を用いることにしている。

2　法体系

1で見たように、災害対策法制は、憲法下で災害対策の「基本法」である災対法のもと、時系列と内容、災害対策の主体、災害の種類等の多数の法令の組合せで構成されており、**表6**のマトリックスで整理されることが多い。

3　柔軟な運用による対応

制度等　法令は、人間が作るものである以上、永遠に不完全かつ未完成である。それらを運用する

表6　災害対策法制の法体系

類型	予防	応急	復旧・復興
	災害対策基本法		
地震 津波	・大規模地震対策特別措置法 ・津波対策の推進に関する法律 ・地震防災対策強化地域における地震対策緊急整備事業に係る国の財政上の特別措置に関する法律 ・地震防災対策特別措置法 ・南海トラフ地震に係る地震防災対策の推進に関する特別措置法 ・首都直下地震対策特別措置法 ・日本海溝・千島海溝周辺海溝型地震に係る地震防災対策の推進に関する特別措置法 ・建築物の耐震改修の促進に関する法律 ・密集市街地における防災街区の整備の促進に関する法律 ・津波防災地域づくりに関する法律	・災害救助法 ・消防法 ・警察法 ・自衛隊法 ・水防法	〈全般的な救済援助措置〉 ・激甚災害に対処するための特別の財政援助等に関する法律 〈被災者への救済援助措置〉 ・中小企業信用保険法 ・天災による被害農林漁業者等に対する資金の融通に関する暫定措置法 ・災害弔慰金の支給等に関する法律 ・雇用保険法 ・被災者生活再建支援法 ・株式会社日本政策金融公庫法 〈災害廃棄物の処理〉 ・廃棄物の処理及び清掃に関する法律 〈災害復旧事業〉 ・農林水産業施設災害復旧事業費国庫補助の暫定措置に関する法律 ・公共土木施設災害復旧事業費国庫負担法 ・公立学校施設災害復旧費国庫負担法 ・被災市街地復興特別措置法 ・被災区分所有建物の再建等に関する特別措置法 〈保険共済制度〉 ・地震保険に関する法律 ・農業災害補償法 ・森林保険法 〈災害税制関係〉 ・災害被害者に対する租税の減免、徴収猶予等に関する法律 〈その他〉 ・特定非常災害の被害者の権利利益の保全等を図るための特別措置に関する法律 ・防災のための集団移転促進事業に係る国の財政上の特別措置等に関する法律 ・大規模な災害の被災地における借地借家に関する特別措置法 ・大規模災害からの復興に関する法律
火山	・活動火山対策特別措置法		
風水害	・河川法		
地滑り 崖崩れ 土石流	・砂防法 ・森林法 ・地すべり等防止法 ・急傾斜地の崩壊による災害の防止に関する法律 ・土砂災害警戒区域等における土砂災害防止対策の推進に関する法律		
豪雪	・豪雪地帯対策特別措置法 ・積雪寒冷特別地域における道路交通の確保に関する特別措置法		
原子力	・原子力災害対策特別措置法		

（出典）内閣府『平成30年版 防災白書』（内閣府公式ウェブサイト・2018年）附-45頁附属資料28「主な災害対策関係法律の類型別整理表」を引用。

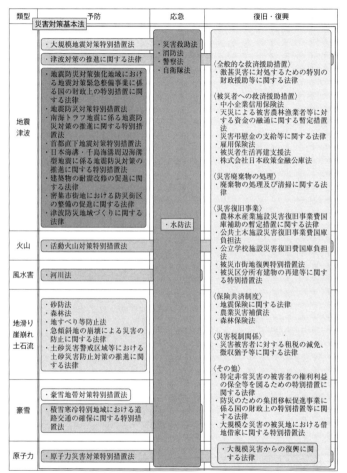

のが自治体であれば、地域特性やその時点での社会状況等に適合するよう柔軟に解釈する必要がある。災害対策では、とりわけ想定不可能ないしは困難な事態が頻出するので、一層そうであろう。災害対策法制の運用等のあるべき方向性は、後（第一〇章）で考察する。それでも不十分な場合、自治体は国に国法の制定改廃を求めたり、条例を制定改廃するなど立法的解決を目指すことがある。

実務の視点　自治体が法令を柔軟に運用するには、その経験を組織で蓄積していることが望ましい。検討にあたっても、一定の体制が確保できないと難しい。また、国の関与が強すぎても進まない。

災害対策は日常的なものではなく、各自治体が災害対策法制を運用する機会はそれほど多いわけではない。災害救助法は、災害が一定の規模等を上回らないと適用されないので、さらに運用の機会は少ない。しかも、同法に関する事務の担当は、新採用職員が一人という自治体もあるようである。これでは、災害対策法制の運用の経験を組織的に蓄積し、その上で十分な検討をすることはあまり望めない。また、災害対策には費用を要するため国庫負担に頼る部分も大きく、かつての機関委任事務のように、「箸の上げ下ろし」まで国に「お伺い」をたてることになりかねない。

これらの状況を補うには、自治体は、他自治体の災害対策法制の運用を学ぶことが必要である。国にも、現場の状況をよく理解してもらい、サポートまで期待したい。

東日本大震災津波の際の岩手県の運用等　発災時に岩手県で災害救助法を所管していたのは、生活保護のほか広く福祉の事務に関わる部署（地域福祉課）であった。一定の経験を有する職員が担当していたが、ほとんど全ての災害対策について、被災市町村や県庁内の各部署からも、照会や相談が殺到したようである。発災から一か月後に復興局が設置され、体制が強化された。当時、同法を所管していた厚生労働省も現地事務所を立ち上げ、県庁にも入り込み、手厚いサポートを行った。その結果、柔軟に運用できた部分もあろう。それでも、しばらくは、「上命下達」的な部分も少なくなかったように思われる。混乱の中、迅速性が求められ、財源も絡む以上、ある意味やむを得ないところはあろうが、分権改革前の国と自治体の関係が想起される。

四　モノ（三）――計画

災害対策を、「漏れ」や「遅れ」がなく、効率的・効果的・合理的すなわち「総合的」かつ「計画的」（災対法一条）に実現するには、多くの主体による多様な手段を組み合わせて最適な措置を行わなければならない。それには調整が必要である。計画は、そのために有効かつ不可欠な手段である。関係する計画は膨大にあろうが、ここでは代表的な防災計画、個別の災害対策の計画、復旧・復興計画について概観する。

1　防災計画——地域防災計画・地区防災計画

多くの関係機関と調整し、全ての災害対策に対応できるよう包括的に定められるものが、防災計画である。それには、災対法上、国（中央防災会議）が定める防災基本計画（三四条）と、指定行政機関などが定める防災業務計画（三六条〜三九条）、自治体（都道府県・市町村防災会議）が定める地域防災計画（四〇条〜四二条の二）がある。また、市町村は、その地域防災計画の中に、一定の地区居住者等による防災活動に関する計画である地区防災計画を定めることもできる（四二条三項）。当該地区居住者等は市町村防災会議に素案を添えてその策定を提案できる（四二条の二第一項）。単一の自治体では、防災対策の実施が困難であったり効果的ではない場合に、都道府県防災会議や市町村防災会議の協議会は、都道府県相互間地域防災計画（四三条）及び市町村相互間地域防災計画（四四条）を定めることができる。

ここでは、実際の災害対策で頻繁に用いられる（都道府県・市町村）地域防災計画、地区防災計画について概観する。

(1)（都道府県・市町村）地域防災計画

制度等　地域防災計画は、都道府県及び市町村の防災会議が、関係機関が処理すべき事務の大綱、災害対策に関する事項別の計画やそれらに要する資源に関わる計画を定めるものであり、毎年検討が加えられる（災対法四〇条、四二条）。当該計画は防災基本計画に基づくものであり（同条）、それに抵触できないと解されている。都道府県地域防災計画は防災業務計画への抵触が（四〇条一項）、他の法令に基づく防災に関する計画は防災基本計画や防災業務計画、都道府県地域防災計画との矛盾や抵触が（四一条）、明文で禁じられている。市町村地域防災計画は、防災業務計画または都道府県地域防災計画への抵触が（四二条一項）、明文で禁じられている。

法令では具体的な災害対策の責務が規定されていないものもあり、実際にはこれらの計画に基づいて災害対策が講じられる。

実務の視点・東日本大震災津波の際の岩手県の運用等　災害を経験するほど、積み重ねられた教訓が反映されるので、地域防災計画は詳細化し膨大化する傾向にある。それに伴って一覧性は減少し、全体の把握が困難になりかねない。二〇一八年三月末に改定された岩手県地域防災計画は、総則一五頁、予防計画七六頁、応急対策計画に至っては二二六頁、復旧・復興計画一二頁、地震・津波対策編一四五頁、火山災害対策編一六七頁、原子力災害対策編五五頁である。これに資料編五六〇頁と様式五七頁が添えられている。

(2)　地区防災計画

制度等　地区防災計画とは、地区居住者等が、自助や共助の精神に基づき、自発的な防災活動を促進し、各地区の特性に応じて、コミュニティレベルで行うためのボトムアップ型の計画である（災対法四二条三項）。当該地区居住者等は、市町村防災会議に対し、市町村地域防災計画に地区防災計画を定めることを提案できる（四二条の二第一項）。提案する計画は、市町村地域防災計画に抵触してはならない

(同条二項)。二〇一三年の同法改正で創設された。

実務の視点・東日本大震災津波の際の岩手県の運用等　二〇一四年に大槌町の安渡地区で、全国初の地区防災計画が策定された。

2　自治体災害対策の各分野の計画

制度等　地域防災計画の中にも、避難などの事項別の計画が定められている（災対法四〇条二項二号)。個別法に基づく法定計画もある。たとえば、応急対策や復旧・復興で進められる災害廃棄物処理について、都道府県は廃棄物処理計画の中に定めることとされている（廃棄物処理法五条の五第二項五号)。

実務の視点　地域防災計画はもちろん、個別や部門別であっても、法定計画は、あらゆる災害や事態に対応するため、内容はかなり抽象的かつ一般的である。特別な計画の策定まで要しない規模等の災害であれば、地域防災計画または部門別の法定計画でも足り、それさえなくても対応できるものもあろう。しかし、具体的に、「何を」「どうやって」「どうするべきか」は、発災後でないとわからない場合が多い。しかも、「総合性」や「計画性」が強く要求されるレベルの災害対策であれば、実際の具体的な作業までコントロールする必要があり、さらに細かい計画が策定されよう。

東日本大震災津波の際の岩手県の運用等　災害廃棄物処理において、発災二か月後の二〇一一年五月に策定された国のマスタープランを受けて、岩手県は、翌六月に基本計画に当たる「岩手県災害廃棄物処理実行計画」を、同年八月にアクションプランに当たる「岩手県災害廃棄物処理詳細計画」を策定した。詳細計画で、特に重要だったのは、処理すべき内容や量の把握とその処理先の確保、作業の手順やスケジューリングであった。しかし、それは最終形が見えないと満足なものは作れないため、災害対策を講じながら修正せざるを得ない。実際、岩手県は詳細計画を翌二〇一二年五月と二〇一三年五月の二回改訂している。これに基づいて、作業を進めた。

迅速な災害対策のためには、具体的な作業を少しでも早く着手し本格化することが重要である。計画の実効性を高めるには、より多くの情報と調整が必要だが、修正を見込んで粗い内容でスタートするという選択もあるように思われる。

3 復旧・復興計画

制度等　これまで見たように、地域防災計画にも、復旧・復興に関する計画は盛り込まれているが、一般的・抽象的すぎて、実際にはなかなか機能しない。大規模災害復興法に定める特定大規模災害――災対法二八条の二に基づき国が緊急対策本部を設置した著しく異常かつ激甚な非常災害――が発生し、都道府県が国の復興基本方針に即した復興方針を定めた場合に、市町村は復興計画を定めることができる（一〇条）。そのレベルに至らない災害であっても、国や自治体は、必要に応じ、独自に、復旧・復興についての計画を策定できるものと思われる。

実務の視点　復旧・復興計画は、地域防災計画に盛り込まれたもので足り、それさえなくともよい場合もあろう。それで不足な場合、被災自治体は、自らの判断で、個別の災害に応じた復旧計画を策定することになろう。その場合、住民が希望を持てるよう、「早期に」かつ「復旧だけでなく復興も盛り込んだ」計画とするものと思われる。復旧・復興は、かなりの事業により構成されるので、財源だけでなく必要な資源を適切に配分し、効率的かつ効果的に実現するには、事業間調整の上、全体を俯瞰できる計画が不可欠である。復旧はともかく復興は、「平時」に策定した自治体の総合計画と相当程度重複する。実際には、総合計画を下敷きに、復旧を追加することがベースとなろう。

東日本大震災津波の際の岩手県の運用等　岩手県は、発災五か月後の二〇一一年八月一一日に、二〇一八年度までの「岩手県東日本大震災津波復興計画」の基本計画と二〇一三年度までの第一期復興実施計画を、二〇一四年に二〇一六年度までの第二期復興実施計画を、二〇一七年に第三期復興実施計画を策定した。被災した沿岸一二市町村も骨子やビジョンを含む基本計画は二〇一一年九月までに、実施計画については翌年五月までに策定した。

加えて、東日本大震災復興特区法に基づき、同県・被災市町村ごとに復興推進計画・復興整備計画・復興交付金事業計画を策定した。ただし、これらの計画は、交付金を受ける要件でもあり、前述の復旧・復興計画との整合性は図られていたと思われるが同一のものではなく、当然に包含関係に立つものでもない。

4　計画についてのまとめ

災害対策に「想定外」はあってはならないと言われるが、実際にはかなりのボリュームで、至るところに潜んでいる。したがって、完全な計画など作れないどころか、その計画が災害対策の足かせや支障になりかねない。「事前の備え」として、懸命な計画の策定や改訂の結果、分厚い「電話帳」や「百科事典」のようなものを作り、一覧も全体の把握もできず、ますます柔軟に機能しない状況に陥りかねない。したがって、計画で決める内容は一定程度にとどめ、残りは現場の裁量に委ねるのが良いように思われる。

さらに重要なことは、その裁量を適切に使いこなせる人材の発掘と配置である。育成も重要だが限界はある。しかし、そのような人材を重要なセクションの部長―課長―課長補佐―係長のラインに複数配置できれば望ましい。

五　モノ(四)——知見やノウハウ

制度等　災害対策は、日常的あるいは定型的な業務ではない。災害の規模等により、その内容は全く異なる。それゆえにマニュアルはあっても、不要な部分や不足または未熟な部分が多い。だからこそ、全体を通しても、各フェーズごとにも、個別の災害対策についても、実体験に裏付けられた知見やノウハハウは重要である。さらに、それらもそのまま用いることができない場合も多いので、状況に適合するよう調整し、応用できるノウハウが備わっていたり、それができる人材がいると大変有用である。災対法二条の二第三号も、「過去の災害から得られた教訓を踏まえ」ることを求める。

実務の視点　知見やノウハウは、実際に使えるものでなければならない。阪神・淡路大震災から二〇年以上が経ち、当該被災地でも伝承しきれないことが指摘されている。阪神・淡路地区の自治体には、全国で災害があると、被災地域を応援するとともに、実際の災害対策を経験させるために職員を派遣するところも少なくない。

東日本大震災津波の際の岩手県の運用等　岩手県は、災害対策や関連業務の経験者を担当部署に配置したり、応援させて対応した。初動の際には、防災の部署に経験者を集めた。災害廃棄物処理の部署には、廃棄物処理経験者に加え、大がかりな土木作業を担当するため土木経験者を、また、多額の補助金処理を担当するため会計経理経験者を配置した。

コラム⑥　被災自治体の長にこそ知見とノウハウに裏打ちされた補佐を！

被災自治体の長の責任はきわめて重い。災害対策についての「ギリギリ」の決断を「瞬時」に求められる場合も少なくない。それゆえ孤独になりがちだ。長には、災害対策に必要な全ての知見とノウハウが求められるが、それは現実的ではない。また、長自身、責任の大きさや重さから、常に「自分の下す判断が誤ってはいないか?」、「本当にこれでよいのか?」、「他に最善の方法があるのではないか?」を自問する。本当は長こそ、いろいろと相談したいはず。しかし、副知事や副市町村長も、部局長以下の事務方も、個別の災害対策実務に忙殺されている。このため、相談できなかったり、自重することも多いようだ。それらの者は現場に近すぎて、客観的・冷静な意見を期待できないという面もあるのかもしれない。このような場合、同じような立場を経験し、当該地域を鳥瞰的かつ客観的に見ることができ、相談すれば的確な助言をくれる存在がそばでサポートしてくれるなら、どれほど心強いか。

ある深刻な災害の際、岩手県は、被害が甚大な市町村の長のサポートとして、部長級の職員を派遣した。東日本大震災津波の際には、初動や応急対策のフェーズでも幹部職員として切り盛りし、復旧・復興のフェーズでもマネジメントをしてきた経歴を有する職員であった。周囲の市町村や全県そして国の事情も理解し、全体と整合する判断ができた。サポートを受けた当時の長自身、この派遣が非常に有効で大いに助かったと述懐していたようである。

六　モノ(五)——用地

制度等　災害対策において、用地が必要となることは多い。具体的には、初動時の、救急・救命のヘリコプターの発着、自衛隊の駐留、撤去した災害廃棄物の仮置きなどである。応急対策時の、仮設住宅や市役所等の仮庁舎の建設などもある。復旧・復興時の、恒久住宅、公用・公共施設や商業施設の建設などもある。しかし、災害の規模等やそもそもの地理的事情から、十分に用地を確保できず、競合する場合も少なくない。そのような事態をできるだけ回避するため、それぞれの用途に応じた用地の候補地を地域防災計画や個別計画に盛り込む場合が多い。

用地の使用は、賃貸借や使用貸借による場合もあれば、所有権を取得して行う場合もある。また、「市町村長は、当該市町村の地域に係る災害が発生し、又はまさに発生しようとしている場合において、応急措置を実施するため緊急の必要があると認めるときは、……他人の土地……を一時使用し、……若しくは収用することができる」（災対法六四条一項）。応急措置を行うためであれば、「知事は、……特に必要があると認めるときは、……土地、家屋……を……使用」することができる（七一条一項）。これらの物的応急公用負担の場合は損失補償を伴う（八二条）。

当該用地は、恒久的な使用以外は、いずれは原状回復して返還するか、別用途に移行させることになる。災害対策での利用により、土壌が汚染された場合は、当該用地の使用者──多くの場合は自治体──が汚染を除去し、それ以前からの場合は、もともとの所有者等の責任において対応する。ただし、その汚染の原因や原因者の特定は、難しい場合も多い。

実務の視点　用地等の確保を任意で行うか権力的に行うかは、手続的な問題も大きいが、最終的には、「どこ（場所）」の「誰（所有者等）」の「どのような（形状の）」用地を「いかなる条件」で「どれぐらい（広さや期間等）」確保する必要があるか、それができるかによる。全ての災害を想定し、地域防災計画に必要な用地を漏れなく盛り込むことは不可能であるし、実際の使用時には適地でない（なくなる）場合も多い。したがって、必要に迫られた時点で具体的にフォーカスして選定せざるを得ず、ゼロからのスタートとなることも少なくない。

災害対策に適当な用地は潤沢に存在するとは限らず、関係機関や関係部署間での「争奪」となることもある。優先順位を決めておくべきだが、やはり災害の規模等に応じて具体的に判断することになろう。用途に合致した適当な用地があっても、民有地では、相続が放棄されていたり、所有者等が不明であったり、確認できても交渉等が進まないこともある。権利関係が複雑な場合もある。緊急であるがゆえに、まずは貸借契約を結ぶにしても、その契約が追いつかないケースも少なくない。

東日本大震災津波の際の岩手県の運用等　被災した沿岸市町村は、リアス式海岸で平坦な土地が少なく、用地の確保は困難であり、災害対策間で競合した場合もあった。たとえば、住民の生存に直結する仮設住宅の建設と、全ての災害対策の支障となっていた災害廃棄物の仮置きである。最終的には、「人命」に直結する仮設住宅を優先した。用途に見合った適地が見つかっても、公有地はともかく私有地について、使用貸借でも賃貸借でも交渉・契約に忙殺された。

使用を終了した用地の返還に先立つ土壌の汚染への対応も、きわめて困難であった。津波により海底にあった有害物質が打ち上げられたり、福島第一原発の爆発により飛散した放射性物質による影響が懸念されたり、そもそも汚染が当該災害対策によるものかどうかが判然としないものもあった。自治体も国も地域の環境を保全する使命を担っていることから、環境基準をクリアするまで汚染を除去して返還した。もちろん、原因者が特定でき、その費用負担が合理的な場合は除いている。災害廃棄物の仮置きで使用する際にビニールシートを敷くなどすれば、汚染を予防または減少させることができた場所も多かったと思われる。

七　モノ㈥――施設・資材・機材

制度等　災害対策には、施設・資材・機材を必要とすることが多い。発災後とりあえず避難する避難場所や一時滞在する避難所は、防災上重要な施設である。それらが、公立の施設でなく、民間の施設のときに、その使用が問題になり得る。資材や機材についても同様である。

その使用の権原としては、六の用地と同様に、賃借権や所有権に基づく場合もあろう。応急措置のため緊急の必要があるときは、市町村長による物的応急公用負担は可能であるが（災対法六四条一項）、損失補償を要する（八二条）。救助を行うためであれば、知事は同法七一条一項及び災害救助法九条に基づき、管理、使用や収用も可能である。

実務の視点・東日本大震災津波の際の岩手県の運用等　全ての災害を想定して地域防災計画に盛り込めないこと等から、必要に迫られた時点で具体的に検討せざるを得ないことも六の用地と同様である。

八　カネ――財源

制度等　災害対策には、多くの――時には莫大な――財源が必要となる。現存の財源で間に合わなければ、最終的には住民ひいては国民に負担増を求めざるを得ない。すなわち、どの程度の災害に、どの程度の対応ができるかという「防災責任」は、財源確保のための住民そして国民の負担をどの程度にするかという問題と表裏一体である。

災対法上、初動を含む応急対策及び予防に要する経費は、実施責任を有する者が負担することを原則とする（九一条）。ただし、国には経費負担の適正化を図る責務があり（三条二項）、初動を含む応急対策に要する費用は、「別に法令で定めるところにより、又は予算の範囲内において、国がその全部又は一部を負担し、又は補助することができる」(九四条)。災害救助に要した費用であれば、災害救助法が適用されると、都道府県が支弁するが(災害救助法一八条)、内容に応じ最終的に国が負担する(同法二一条)。同法が適用されない規模の災害の場合は、災害救助を行った自治体が負担するが、要した費用について特別交付税等が措置され得る。なお、自衛隊の災害派遣の費用は原則として防衛省が負担する。

復旧・復興に「要する費用は、別に法令で定めるところにより、又は予算の範囲内において、国がその全部又は一部を負担し、又は補助することができる」(災対法九六条)。公共土木施設の災害復旧事業であれば、公共土木施設復旧国庫負担法三条により国庫負担すなわち補助の対象となる。激甚災害であれば、激甚法により補助率は嵩上げされる。これらのうち、自治体が負担する部分に地方債を充当できる(地方財政法五条四号)。その元利償還金に対しても交付税措置が行われる。さらに、災害によっては、さらに個別の特別措置法が制定されることもある。

実務の視点　現場が混乱している初動及び応急対策のフェーズでは、いくら財政的支援があっても、それを有効に活用できない場合も少なくない。災害が大規模等であれば、なおのことである。しかし、現場が落ち着いてくると、災害対策の財源確保の必要が生じてくる。補助事業は、所管省庁と財務省により復旧の必要性や程度と必要額を見定める災害査定から始まる。採択のための申請、実績報告と交付請求などの業務も相当あり、支援措置を用いれば用いるだけ事務的負担も大きくなる面もある。

東日本大震災津波の際の岩手県の運用等

初動及び応急対策のフェーズでは、災害救助法の適用如何がポイントであり、随時、国に確認した。

災害廃棄物の処理については、廃棄物処理法二二条に基づく災害等廃棄物処理事業の補助率は、激甚法及び東日本大震災財源特措法により嵩上げが行われ、事実上、最大九五パーセントの補助となった。最終的には残る五パーセント分も震災復興特別交付税で措置されたため、起債も不要であり、事実上、自治体負担額はゼロとなった。

東日本大震災復興特区法に基づき、復興地域づくりに向け一括化した事業や自由度の高い効果促進事業または地方負担の手当てのため、復興交付金が交付されている。

第四章　自治体災害対策各論（一）――初動

一　初動とは

広辞苑によると、「初動」とは、「初期段階の行動」である。災対法では区分されておらず、同法五〇条一項が規定する「災害が発生し、又は発生するおそれがある場合に災害の発生を防御し、又は応急的救助を行う等災害の拡大を防止するために行う」応急対策（第五章五〇条～八六条の一八）の最も初期で、発災直後の災害対策である。

発災直後は、災害の規模等にもよるが、多かれ少なかれ、被災自治体全体が混乱状態に陥る。また、通信も移動も困難または不可能となっている場合には、その行政機関も、当該地域のことですら、全体の状況を把握できない。その後の見通しも全く立たず、体系だった対策は難しい。このフェーズにおいては、人命の救出が最優先であり、そのため極限の混乱と緊張のもと、最大限の迅速性が求められる。それにもかかわらず、初動で講じられた内容次第では、後の災害対策が困難になったり、多大な時間を要することになりかねないなど、災害対策全体に決定的な影響を及ぼすことも多い。たとえば、人命救助の支障となる災害廃棄物の撤去は、目前の必要最小限の部分のみとはいえ、準備もなく急いで行うため、分別せずにただ押しやるだけで、後で処理しにくい状態になったり、生活環境に影響を及ぼす場合もあり得る。しかも、それらと同時に、キーステーションである被災自治体とりわけ市町村の行政機関が落ち着き、災害対策だけでなく、一般廃棄物やし尿の処理など住民生活に不可欠かつ最低限の行政サービスを行えるようにしなければならない。このように、「特別な期間」の「特別な対策」である「初動」は、応急対策と区分して把握すべきと考えられる。

初動の期間は、応急対策に移行できるようになるまでである。大規模等災害の場合、当面の被災者の救出を終え、自宅で居住できない被災住民全員が避難所に入るなど、その生存を確保し維持できるまでというのが一つの目安となろう。しかし、初動時で終わるはずの対策のなかには、実際には応急対策や復旧・復興のフェーズまで長引くものも少なくない。発災後から、被災自治体の行政機関では、災害対策に特有な非日常的かつ時限的な業務が爆発的に発生し、しばらく膨張し続け、処理が不可欠な日常的な業務にも追われるので、人手は間違いなく不足する。また、住民は、不安や興奮から、行政機関や職員を非常に厳しく見つめる時期でもある。

制度等　災対法上の応急対策（五〇条一項）のうち、「初動」に関するものとしては、二で述べる「避難の勧告」（一号）、「消防、水防」（二号）、「被災者の救難、救助」（三号）の一部、「施設及び設備の応急の復旧」（五号）の一部、「生活環境の保全及び公衆衛生」（六号）の一部、その他の関係する事項（九号）の一部などと解される。これらを行うため工作物を一時使用し収用する応急公用負担（六四条）や住民、現場にいる者を応急措置に従事させる人的公用負担（六五条）もある。

災対法上、初動は「地方公共団体の長」などが主体で（五〇条二項）、公助が中心である。なかでも、市町村が一次的責任者と言える（六二条）。壊滅状態であるなどして、その市町村による対応が難しい場合や部分は、都道府県や国が代行することがある。

実務の視点　被災自治体は、まず災害対策を始める体制を整備する。一定の要件に達した場合、都道府県も市町村も災害対策本部を設置し、必要があれば自衛隊や消防に応援を要請する。

初動は、何より迅速性が求められるが、都道府県の動きが鈍いことが指摘されている。それは、かなりの費用負担が危惧されることもあるが、被災の規模等がすぐに把握できないことが大きい。したがって、現場を最もよく知悉している市町村長が行うことが適当である。状況に応じた的確な判断も期待できよう。市町村は、災害救助法に基づく救助の多くを、都道府県から委任され（一三条）、実務的にも、広く一次的責任を負う。それ以前に、初動時には、行政による公助も行き届かないため、自助・共助も重要である。

初動は避難や救助に加え、後に続く応急対策を講じるための体制の立ち上げや、スムーズに移行するための「仕込み」も含む。初動と応急対策は実際にはシームレスであり、前者を後者に含めるという整

表 7　岩手県の主な初動のスケジュール

応急対策準備等	市町村の機能の回復	埋火葬等	避難所等	救命等	体制	区分	日付
	連絡寸断	遺体収容・安置，身元確認	設置・運営	救出・捜索	本部設置，自衛隊派遣要請 災害ボランティアセンター設置	初動	2011/3/11 （発災当日）
道路啓開	連絡確認		（仮設住宅用地確保要請）	DMAT活動			3/12 （発災翌日）
	衛星携帯電話貸与						3/13 （発災 2 日後）
災害廃棄物調査		埋火葬許可特例措置を実施					3/14 （発災 3 日後）
		遺体の収容（最大）	仮設住宅用地現地調査				3/15 （発災 4 日後）
		納棺調達					3/16 （発災 5 日後）
							3/17 （発災 6 日後）
	県が市町村のニーズ把握。陸前高田市が給食センターを仮庁舎として利用	県外での火葬を実施	（仮設住宅建設着工）				3/18 （発災 1 週間後）
災廃チーム設置	県職員を派遣	遺体用ドライアイス調達					3/25 （発災 2 週間後）
災廃対策協開催	国・県の窓口一元化		（仮設住宅一部完成）			応急対策	4/1 （発災 3 週間後）
事務委託			仮設住宅入居開始				4/11 （発災 1 か月後）

理もあろうが、初動は、被災自治体の行政機関でさえ、「何を」「どういう手順や順番で」「どう処理すべきか」について全容が不明ながら、「それでも対策を講じなければならない」極限の状況での特別な対策である。初動は、応急対策の前に位置するものとして区分することが実務的にも適当と解される。

東日本大震災津波の際の岩手県の運用等

体制を整備しながら、生存者の捜索と救助が進められた。それに伴い撤去が進む災害廃棄物の処理の検討が本格化したのは、発災から概ね二週間後の二〇一一年三月末になってからであった。また、県内最初の仮設住宅が建設され、避難所に一時滞在していた被災者の入居が開始されたのは、さらに半月後の四月半ばであった（**表7**）。したがって、発災から二週間ないしは一か月間が「初動」の期間であったと言えよう。ただし、生存者の救助と行方不明者の大規模かつ集中的な捜索は四月下旬まで行われ、実際は応急対策にまたがったものも多い。なお、庁舎が壊滅的な被害を受けた陸前高田市や大槌町に至っては、最低限の住民サービスを行うのに必要な住民基本台帳や税システムのデータの復旧が完了したのは三月下旬であった。

コラム⑦　長の第一声の重要性

二〇〇一年九月一一日のアメリカでの同時多発テロの際、筆者はワシントンDCに滞在していた。二週間の海外研修で渡米した三日目のことだった。国防総省（ペンタゴン）の燃える様子が、滞在していたホテルからもポトマック川向うに見えた。そのホテルもホワイトハウスの近くであり、次の「攻撃」に巻き込まれるのではないかとの危険を覚えた。生まれて初めて「死」を意識した。それゆえ、状況は異なるが、その時の心境を東日本大震災津波の被災者の心境とつい重ねてしまう。同時多発テロの「発災当時」は、岩手県職員八名で、当日の研修先の高層ビルの一階で説明を受けていた。すぐ、そのビルは閉鎖され、地下鉄の駅も閉鎖されたので、歩いてホテルまで戻った。その帰途、道路の渋滞と往来に面した自動支払機で現金を引き出しながら、泣き叫んでいるアメリカ国民を目にした。テレビのニュースは繰り返し「これは戦争だ！」と報じていた。その夜の国民向けの放送で、当時の大統領が、「国を挙げてみんなを守るから大丈夫だ！　安心してお休みなさい」と演説した。筆者の拙い英語力にもかかわらず、大きな安心感と感動とともに、胸に深く伝わってきた。もちろん、彼らもスーパーマンではないし、全てを完璧に、しかも自分たちだけでできるわけはない。しかし、このように、危機におけるリーダーの第一声はきわめて重要な意義を有する。それは、災害対策においても当てはまるのではなかろうか。

二　初動における各対策

1　災害対策本部の設置等

制度等　災対法二三条一項及び二三条の二第一項に基づき、「災害が発生し、又は災害が発生するおそれがある場合において、防災の推進を図るため必要があると認めるときは」、知事や市町村長は、地域防災計画の定めるところにより、災害対策本部を設置することができる。同本部長は、知事や市町村長をもって充て、当該自治体の職員のうちから知事や市町村長が任命する副本部長、本部員その他の職員を置く。必要に応じて現地災害対策本部を設置できる（二三条五項及び二三条の二第五項）。同本部は、情報を収集し、予防、初動及び応急対策の方針を作成・実施し、関係機関の連絡調整を図る（二三条四項及び二三条の二第四項）。その設置期間は、設置要件が継続する間と解される。

実務の視点　災害対策本部は、発災の前後に、地域防災計画に定められる災害の規模等の基準に基づき設置される。必要があれば、即座に、あるいは発災後ほぼ自動的に立ち上げられる。同本部には、重要事項の決定や大局を見ての指示が期待されるが、その活動の大半は調整や災害対策の進捗状況の報告や予定、被災者のニーズなどの情報共有である。同本部は、災害時に臨時に設置される組織であり、応急対策までを所掌し、それが終了すれば廃止される。

「大規模災害が発生」し、災害対策本部の設置要件を満たしていたので、発災直後に岩手県及び市町村は、ほぼ自動的に同本部を設置した。大槌町の場合、庁舎前の屋外で災害対策本部会議を開催していたところに津波が押し寄せ、当時の町長や幹部らが犠牲となった。

東日本大震災津波の際の岩手県の運用等

岩手県は、発災の一時間後に一回目の災害対策本部員会議を開催し、二時間後、三時間後と発災当日は三回開催した。その翌日及び翌々日は各二回開催し、その後も三月中は毎日、応急対策に移行した四月はほぼ隔日、同対策が本格化した五月以降は同本部が廃止される八月一一日までほぼ毎週開催した。同本部は、自衛隊も加わった本部員会議と、その事務局として同本部事務の総合調整や関係機関との連絡調整等を行う本部支援室で構成された。本部員会議では、方針の議論や具体的な対策の調整も行われたが、主に各対策の進捗状況や課題等が報告され、全庁的な情報の共有が図られた。当初より報道機関に公開し、県民への最新情報の提供機能も持たせた。ただし、非公式でオフレコの会議も行われた。本部支援室には、多くの職員が張り付いたが（**写真16**）、それでも足りず、即戦力の防災部署経験者が随時配置された。発災後しばらくは電力が乏しく、ネットワーク環境も悪かったため、職員間の情報共有にはホワイトボードが重宝された（**写真17**）。そこに最新の情報が集中し、その情報にアクセスしている人間も把握できるので、流出や悪用もかなり防げるというメリットもあったようである。ライフラインが全面的に復旧し、全ての仮設住宅も完成し、復興基本計画が策定されたことから、応急対策が一段落し、復旧・復興対策が本格的に始動するため、発災五か月後の八月一一日に同本部は廃止され、岩手県東日本大震災津波復興本部に移行された。これまで述べた全体の流れは**表8**に示す。

被災市町村の災害対策本部も、当初は何にどこからどう手を着け、どう処理すればよいかわからず、混乱したとのことである。発災直後は生存者の救出作業が最優先で、日没まで目いっぱい作業するので、関係者が一堂に会する災害対策本部会議は夕方から夜に、わずかな灯りのもとで行われたところもあった（**写真18**）。同本部会議は、設置した市町村ではなく、危機的状況での対応の経験を豊富に有する自

写真 16　岩手県災害対策本部支援室

（出典）岩手県公式アーカイブ／提供：岩手県総務部総合防災室

写真 17　ホワイトボードの活用

（出典）同上

写真 18　被災市町村の災害対策本部の会議等は当初は通電のない中で開催

（出典）岩手県公式アーカイブ／提供：田野畑村

表８　岩手県の災害対策本部における業務

障害物の除去	支援物資の受給	生存者の捜索等	関係機関との連携	被害の把握	本　部	区分	日付
			自衛隊，DMAT等派遣要請	被害の把握	設　置	初動	2011/3/11（発災当日）
啓開開始	通信機器の貸与	集中的に活動	国への要望		毎日開催		～3/14（3日間）
幹線開通 啓開・撤去	石油確保 物資拠点（アピオ）設置	一斉捜索					～3/18（1週間）
		随時捜索					～3/25（2週間）
					隔日開催	応急対策	～4/11（1月後）
					毎週開催		～5/11（2月後）
							～6/11（3月後）
							～7/11（4月後）
					廃　止		～8/11（5月後）

衛隊が、イニシアチブを執って運営したところも多かった。同本部会議は、市町村の幹部職員に加え、関係する災害対策の担当職員も相当入っており、このことが関係機関との実務上の連携に大きく機能した。一例として、災害廃棄物の撤去を挙げる。生存者の捜索等に伴い撤去した災害廃棄物は、大量であるとともに、土砂や水分や塩分などを大量に含んで混合され、現場から直接、処理施設に搬出できず、一旦いずれかのスペースに仮置きしなければならなかった。その仮置き場を選定できるのは、地理や土地の所有者及び権利関係、実際の作業を熟知している市町村の、しかも担当職員が中心とならざるを得ない。その意見をもとに、当該自治体の長や幹部職員に加え、実際に救助や災害廃棄物の撤去を行っている自衛隊、消防、警察と地

元の土木・建設業者等を交えて実務的に議論し、翌日の作業の手順を決定したとのことである。

岩手県の災害対策本部の運営については、二〇〇八年に橋が崩れ落ちるなど大規模等であった岩手・宮城内陸地震での経験が活かされたとの声が多くの部署から聞かれた。しかし、それらを踏まえて見直されたはずの地域防災計画で定められていた業務の範囲や手順でも対応しきれず、状況に応じての判断を要したものもある。そのため、災害対策の調整や実施に時間を要した部分もある等の課題が指摘されている。

2 避難の勧告等

(1) 一般的な避難等

制度等 災対法上、知事は、国から災害に関する予報や警報の通知を受けたときは、予想される事態及びとるべき措置について、市町村長等に必要な通知や要請を行う（五五条）。市町村長は、それらを関係機関や住民などに伝達しなければならないし、避難のための立退き準備等の警告もできる（五六条）。発災後、市町村長は、必要に応じ立退きを勧告または指示でき、市町村が事務を行えない場合には知事が当該指示等を代行しなければならない（六〇条）。警察官にも警察官職務執行法四条により、水防団員等にも水防法二一条一項により、避難命令等の権限が付与されている。したがって、避難勧告等は、市町村長による場合と警察官等による場合が考えられるが、相互に優劣はない。なお、市町村長は、立退きの指示を、地方自治法一五三条により補助機関である消防吏員に委任できる。市町村長が自ら行えない場合や要求した場合は、災対法六一条に基づき、警察官や海上保安官が指示できる。

実務の視点　避難を勧告等しても実際には災害が起こらない「空振り」は、本来、望ましい。しかし、市町村は、「避難は無駄だった」、「無理やり避難させられた」という苦情を恐れ、できるだけ「空振り」を避けようと考えがちである。東日本大震災津波を経験した現在、住民ひいては国民には、かかる「空振り」への寛容が、市町村には躊躇せず速やかに指示等をすることが求められている。

東日本大震災津波の際の岩手県の運用等　岩手県では、被災地の警察署と消防署、消防団が即座に避難を呼びかけ、避難誘導を行った。しかし、多数の死者等が生じ、避難誘導のために逃げ遅れて犠牲になった者もあった。より実効的な避難と避難誘導のルール等の整備が重要である。

コラム⑧　大川小学校事件が語りかけるもの

東日本大震災津波により、宮城県石巻市立大川小学校の児童七〇名以上と教員一〇名が死亡した痛ましい事件を御存知の方も多いであろう。遺族が同市及び同県に対して国家賠償を請求し、一審判決（仙台地裁二〇一六年一〇月二六日）及び二審判決（仙台高裁二〇一八年四月二六日）は請求を認容した。

判決によると、児童や教員は、津波警報が発せられた後にグラウンドに一時間程度とどまってから、川側に向かったところ、遡上してきた津波に襲われたとされている。校舎のすぐ裏手に山があり、そこに登れば、おそらく全員助かったとして、指揮したとされる教頭が批判されることも少なくない。判決文や報道を見る限り、この大惨事は、いくつかの不幸な偶然が重なった結果のようにも思われる。第一に、裏山が急峻な上、前年に土砂崩れを起こしていて危険と思われていたことである。筆者も現地を確認したところ、急峻な部分もあったが、農業実習などで児童が登っていたように、登坂自体は問題ないように思われた。しかし、前年に土砂崩れがあったため、同校が相談した行政区長が反対したとのことである。第二に、裏山に到達するまでの体育館沿いの通路は窓ガラスの崩落が懸念され、通行を躊躇したことである。大きな津波の危険性・切迫性に比べれば、その程度のリスクは甘受すべきだったと思われるが、昨今の保護者の苦情の強烈さを懸念していたとしたら、それもわからないではない。

当該教頭の判断に疑問が呈されることもあるものの、むしろ周囲に気配りし調整できる職員だったようにも見える。これらの不幸な偶然が一つでもなければ、助かったかもしれないと悔やまれる。

同校の前に立つと、亡くなった児童と助けることができなかった教員の無念の声が聞こえてくるようである。せめて、ここから教訓を得て、将来の防災につなげていかなければいけないと強く思わずにはいられない。

(2) 広域一時滞在

制度等・実務の視点　放射線の影響等、被害が広範囲に及ぶと懸念される場合、被災住民は自治体をまたいで避難し一時的に滞在することがある。災対法上、同じ都道府県内の他市町村における一時滞在（広域一時滞在）の場合、被災市町村長は、被災住民の受入れについて、当該他市町村長に協議できる（八六条の八）。他の都道府県における一時滞在（都道府県外広域一時滞在）の場合、被災市町村長は、知事に一時滞在先の知事と協議するよう求めることができ、当該協議を受けた知事は一時滞在先の市町村長に協議しなければならない。協議を受けた市町村長は、正当な理由がない限り受け入れ、避難所を提供しなければならない（八六条の九）。被災市町村が事務を行うことができなくなったときには知事は八六条の一〇に基づき、被災都道府県が事務を行うことができなくなったときには内閣総理大臣は八六条の一三に基づき、当該協議を開始代行しなければならない。

当該協議は一時滞在前または直後に行われるべきものであるが、その時点で把握しきれるものではなく、行うとしても抽象的なものとなろう。実際かつ正式には、事後的に行われると思われる。

東日本大震災津波の際の岩手県の運用等　福島第一原発の爆発に伴う放射線の影響等の懸念から、岩手県の沿岸地域から内陸に避難した者は、二〇一四年一〇月末時点で三、六九七名、親戚等のいる県外に避難した者も最大は二〇一二年一二月の時点で一、六七四名であった。一方、放射線の影響が大きい福島県では、福島県公式ウェブサイトによると、県外に避難した者は、最大が二〇一二年三月の時点で六二、八三一名であった。その後減少しており、二〇一九年七月で三一、四八三名である。

3　自衛隊、消防などへの応援要請等と救出・捜索活動

制度等・実務の視点　被災者の救出は、災対法五〇条一項三号に基づく。災害救助法の適用がある場合は、同法の救助の一つ（四条一項五号）として都道府県が行う（二条）。生死の境は、被災後七二時間すなわち三日以内とされている。救出の期間も同様であり（一般基準六条三号）、その後は死体の捜索（災害救助法四条一項一〇号、同法施行令二条一号）に移行する。被災自治体の行政機関等だけでは被災現場にも近づけない場合、必要な機材等を備え、訓練を受け、初動や応急対策の経験の豊富な機関との役割分担と連携が必要である。

市町村長は、災害発生のおそれがあるとき、自らに属する消防機関に出動を命じ、知事に属する警察官の出動を要請しなければならない（災対法五八条）。消防組織が担う部分は、消火、救助、救急のうち、「その施設及び人員を活用して、国民の生命、身体……を……保護する」消防組織法及び消防法を根拠とする。重複はあるが、警察組織が担う部分は、救助・捜索、避難誘導、交通規制、治安維持であり、一定の市町村長の権限も代行する。「個人の生命、身体……の保護」の責務を有し、警察法を根拠として活動する。

災害の規模等によって、人命または財産の保護のため必要がある場合、知事は、防衛大臣等に、自衛

隊の災害派遣を要請でき、同大臣等は、その要請を受け、その要請を待ついとまがないときは自らの判断で、災害派遣を行うことができる（自衛隊法八三条）。市町村長は、知事に当該要請を求めることができるが、それが難しい場合、直接同大臣等にその旨や災害の状況を通知できる（災対法六八条の二）。また、知事は、非常事態の場合、消防庁長官に、被災市町村の消防の応援等を要請でき、同長官は、その要請を受け、そのいとまがないときは当該要請を待たずに、当該都道府県以外の知事などに必要な措置を求めることができる。同長官は、大規模または特殊な災害のため特別の必要がある場合には、被災都道府県以外の消防機関で構成される緊急消防援助隊の出動を他の都道府県の知事や市町村長に指示できる（消防組織法四四条）。さらに、各都道府県警察本部に広域緊急援助隊が設置されており、大規模等の災害の発生等の場合は都道府県の枠を越えて出動していた。東日本大震災津波発災翌年の二〇一二年に、それを拡充し、各都道府県の警察官で構成される警察災害派遣隊が創設された。

東日本大震災津波の際の岩手県の運用等

被災地域の消防や警察は、発災直後から、避難広報、被災した住民の救助や行方不明者の捜索をはじめ様々な活動に従事した。知事は、発災直後の気象庁の大津波警報発表後、自衛隊に災害派遣を、そのすぐ後に消防庁長官に緊急消防援助隊の派遣を要請した。

自衛隊は、発災当日に到着し、翌日から行方不明者の捜索と道路啓開を開始した（**写真19**）。発災二日後に、自衛隊災害派遣部隊司令部を県庁内に設置したことにより（**写真20**）、県と自衛隊は相互に密に連携できた。北海道と北東北の二師団延べ約六〇万人が、捜索や啓開に加え、物資等の搬送、給水・給食、入浴支援、被災者の話を聴く傾聴など多岐にわたって、発災四か月半後（七月二六日）に岩手県から撤収要請を受けるまで応援活動を行った。緊急消防援助隊は、延べ二、三〇〇隊七、六〇〇人が派遣され、これに警察の広域緊急援助隊や海上保安庁も加わり、連携して活動した。

行方不明者がいる現在も捜索は続いており、八年を経過した二〇一九年の時点でも犠牲者の命日である毎年三月一一日と月命日の各月一一日に集中的に行われている。

写真19　生存者等の救助・捜索

（出典）岩手県公式アーカイブ／提供：陸上自衛隊青森駐屯地

写真20　自衛隊災害派遣部隊司令部の県庁内の設置

（出典）岩手県公式アーカイブ／提供：岩手県総務部総合防災室

コラム⑨　自衛隊への拍手

以前は自衛隊を見る国民の目は厳しく、存在意義さえ疑われることもあった。しかし、東日本大震災津波発災後の活動は、誠に頼もしかった。発災直後の被災現場は、災害廃棄物が散乱し、足も踏み入れられなかった。自衛隊の機動力や実行力なくして、初動や応急対策を進めることは不可能であった。折り畳みの機材で架橋したり、燃料不足で困っているときに自衛隊機からガソリンを手にした多数の隊員が颯爽と降り立ったときは「救世主」に見えた。そのような「派手」なものから、被災者への入浴サービスや話を聴く傾聴など「地味」なものまであった。被災住民だけでなく、内陸に住む筆者たちの胸にも、自衛隊の皆さんが、まさに「献身的」に取り組む姿はいつまでも残るであろう。

写真21　自衛隊の撤収に伴う感謝式

（出典）岩手県公式アーカイブ／提供：陸上自衛隊岩手駐屯地

二〇一一年七月二六日に、岩手県庁正面玄関前で、陸上自衛隊の撤収に伴う感謝式が行われた（**写真21**）。知事からの感謝の言葉と県職員からの盛大で心のこもった拍手が贈られた。任務を遂行した陸上自衛隊員の方々の充実感に満ちた表情が印象的だった。今も目に浮かぶ。

4　被害の把握等

制度等　災害対策を行うには、被害の把握が必要である。災対法上も、自治体は、指定行政機関等とともに、法令や地域防災計画に従い、情報収集及び伝達に努めなければならない（五一条）。被害状況等を、市町村は都道府県に、都道府県は国に報告しなければならず、市町村が報告できない場合は都道府県が、都道府県が報告できない場合は指定行政機関が、情報収集に特に意を用いる必要がある（五三条）。

市町村は、発災後、被災者の援護を総合的かつ効率的に実施するため、被災者に関する基礎的な情報を一元的に集約した台帳（被災者台帳）を作成できる（九〇条の三第一項）。東日本大震災津波の反省から規定された。

知事や市町村長は、被災者の安否に関する情報（安否情報）について、照会に応じ回答できる（八六条の一五）。照会主体は限定されていないが、照会者に氏名や照会の理由等を明らかにさせ（同法施行規則八条の三）、知事や市町村長に、回答により当該被災者等の権利利益を不当に侵害しないよう配慮を求めている（同法八六条の一五第二項）。

実務の視点　発災後、災害全体の把握は、救助などの災害対策と同時並行で行われる。被災自治体でも、災害の規模等によっては、即座に地域全体の状況を把握できないこともある。とりわけ行政機関が被災していると一層困難である。報告がない地域や自治体は、被害が甚大であり、行政機関自体が壊滅していることも考えられる。

東日本大震災津波の際の岩手県の運用等　県内で最も被害が甚大だった陸前高田市でも、避難所に一時滞在している住民等の数は、食事の供給を通じて二～三日で把握できたとのことである。ただし、市内中心部は壊滅的であり、災害廃棄物が散乱している上、ガソリンも不足しており自動車での移動は困難だった。通電が止まりテレビ放送等も視聴できず、被災した地域の市町村の行政機関や消防や警察とも、発災後しばらく連絡さえ取れなかった。全体の被害の概要の把握には、一週間程度を要したようである。

5　救　助

初動における救助は、災対法五〇条一項三号に基づく。災害救助法が適用される場合、同法四条一項に基づき、避難所の供与、炊き出しその他による食品の給与、被服や寝具等の生活必需品の給与、医療及び助産、埋葬、死体の捜索等や支障物の除去等が行われる。災害救助には、①現に救助を要する被災者には等しく救助の手をさしのべる「平等」、②被災者ごとに必要な内容と程度の救助を行う「必要即応」、③金銭ではなく必要な物資などによる「現物給付」、④住民はもとより旅行者等も含めた被災者の「現在地救助」、⑤被災者の申請を待たずに行う「職権救助」という五つの原則があるとされている。具体的な内容は内閣総理大臣が定める一般基準によるが、同大臣の同意が得られれば、知事が定める特別基準によることができる（災害救助法施行令三条）。

なお、災害救助法が適用される場合、救助は原則として都道府県が実施し（二条）、要する費用を支弁するが（一八条一項）、最終的には国庫が負担する（二一条一項）。ほとんどの場合、同法一三条に基づき市町村に委任される。同法が適用されない小規模な災害であっても、必要に応じ、市町村長は、自らの責任と費用負担により救助を行う。以上を前提に概観する。

(1)　避難所の供与

制度等　被災した住民が住家を失うなどして、避難しなければならない場合、都道府県は、災害救助法四条一項一号に基づき、それらの者が一時滞在できる「避難所」を開設し供与する。学校や公民館などの既存の公共施設が用いられることが多い。避難所は、消防法一七条に基づき一定の設備の設置が義務付けられている。ただし、著しく異常かつ激甚な非常災害として政令で指定された場合、自治体の長が設置するものは、その適用が除外される（災対法八六条の二）。供与の期間は、発災日より七日以内とされているが（一般基準二条一号ニ）、持ち家の修復や仮設住宅の建設が終わり、そちらに居住するまでは、内閣総理大臣の承認を受けて必要最小限度の期間延長ができる（災害救助法施行令三条二項）。

実務の視点　実際には都道府県から委任された市町村が開設するのが大半だが、運営は、一時滞在する住民自身であったり、行政だったりと区々である。また、大規模等災害の場合、仮設住宅の建設等に時間を要するなどして、避難所の滞在が長期に及ぶこともある。

写真22　プライバシー配慮に至らない初期の避難所

（出典）岩手県公式アーカイブ／提供：一般社団法人岩手県獣医師会

写真23　避難所における段ボール等での仕切り

（出典）岩手県公式アーカイブ／提供：特定非営利活動法人立ち上がるぞ宮古市田老

写真24　避難所でのテントの設置

（出典）岩手県公式アーカイブ／提供：岩手県沿岸広域振興局大船渡保健福祉環境センター

東日本大震災津波の際の岩手県の運用等

指定していた避難所では足りず、被災住民がやむを得ず避難していた民家等を、事後的に避難所に指定したところもあった。当初はプライバシーの配慮にまでは手が回らなかったが（**写真22**）、徐々に配慮され段ボールやテントで仕切られたところもあった（**写真23、24**）。これほど大規模な避難は初めてであった陸前高田市では、発災一か月後（二〇一一年四月）に制度等の説明会を行ったところ、行政側も住民もかなり落ち着いたとのことであった。同市でも、避難所の運営は、地域によって様々だったが、避難所の代表は住民の中から相互に選び、市職員がそれをサポートするという構図が保たれた。そのため、市職員が避難所の運営に関し直接住民に厳しく突き上げられることはなかったようである。避難所の状況も様々で、食料供給の機会等を通じて、自衛隊が三段階程度に評価し、評価が低いところには手厚くサポートした。当初は、「皆が被災者」との一体感があったが、家族の犠牲や自宅の損壊等の状況の違いが明らかになるにつれ、不公平感が生じる等して、トラブルもあったようである。発災五か月後（八月一一日）には県内全ての仮設住宅が完成し、その二か月後（一〇月七日）に仮設住宅への入居が完了して、全ての避難所が閉鎖された。

⑵　炊き出しその他による食品の給与等

制度等　被災した住民が、避難所に避難したり、住家に被害を受けるなどして炊事や飲料水の確保ができない場合、災害救助法四条一項二号に基づき、都道府県が炊き出し等により給与する。期間は発災後最大七日間、原則として現物が支給される（一般基準三条）。

実務の視点　実際には都道府県から委任された市町村が給与する場合が大半である。調理は、市町村、自治組織や災害ボランティアなどが行う。自衛隊が行う場合の費用は、自衛隊（国）が負担する。被災者食材などは、購入するのが通常だが、他地域の住民や食品メーカーから提供される場合もある。被災者が、食品などを自ら調達できるまで継続され、実際は住家等に戻ったり仮設住宅へ転居するまで続けられる。

東日本大震災津波の際の岩手県の運用等　炊き出し（写真25）は、様々な主体によって行われた。仮設住宅への入居が終わった、発災から約七か月後（二〇一一年一〇月）まで行われたところも

写真25　炊き出し

（出典）岩手県公式アーカイブ／提供：葛巻町

あった。炊き出しの内容は、避難所によって異なった。避難所などで炊事できないところでは、弁当が給与された。炊事ができても、地元業者の活用の視点から、一部弁当になったところもあった。

(3)　被服、寝具その他の生活必需品の給与等

制度等　被災した住民が被服や寝具など日常生活の必需品を喪失した場合、災害救助法四条一項三号に基づき、都道府県が給与する。期間は発災後一〇日間である（一般基準四条四号）。

現場のニーズに合致した物資の供給が望ましいのは当然だが、被災状況によっては、ニーズの把握さえできないところもある。一方的に物資を供給する、いわゆる「プッシュ型」の有効性が共有され、二〇一二年の改正で災対法に盛り込まれた（八六条の一六第二項）。

実務の視点　物資は、都道府県または委任を受けた市町村が購入して調達するのが通常だが、他地域の住民等や企業から提供される場合もある。被災の規模等によっては、大量の物資が送られてくるの

で、それを保管するスペースの確保と、必要とする場所に搬送するシステムの確立が重要である。現場のニーズと供給側とのミスマッチも懸念される。物資の供給等は、応急対策が終わるまで継続することがある。

東日本大震災津波の際の岩手県の運用等

発災直後から全国より大量の物資が送られてきたが、しばらくは災害廃棄物が現場に散乱し、燃料も不足し、思うように搬送できなかった。広いスペースがあり、トラックが直接入って積み下ろし等ができる県の催事場の岩手県産業文化センターを一次物資集積拠点とした（**写真26**）。応援協定を結んでいた岩手県トラック協会と連携し、被災市町村に置かれた二次物資集積拠点に搬送した。燃料の確保が可能になるにつれ、二四時間体制で物資の受入れ・積込み・搬出を行った。避難所等へは、自衛隊と宅配業者が搬送した。これらは、応急対策が終了するまで続けられた。

当初は、物資が拠点に届いても、燃料に加え人手が不足し、迅速かつ十分に配送したり配布（**写真27**）できない場合があった。ニーズに合致していない内容や量の物資が届いたり、かなり充足したのに不足していた時期の情報が修正されなかったりして、現場と供給側の双方に不満が生じることも少なくなかったようである。

なお、二〇一六年の熊本地震の際に、国は「プッシュ型支援」として熊本県に九〇万食の食料を送ったが、現地では配送方法や分配方法が未整備だったため、一時混乱が起きたことが指摘されている。

写真 26　支援物資は県で一括して受領し市町村に配送

（出典）岩手県公式アーカイブ／提供：岩手県総務部総合防災室

写真 27　住民に配布

（出典）岩手県公式アーカイブ／提供：いちのせき市民活動センター

(4)　医療及び助産

制度等　災害により医療機関が損壊等し、医療の途を失った場合には、災害救助法四条一項四号に基づき都道府県が、速やかに救護班を編成・派遣し、応急的に医療を提供し、助産を行う。初動の中でも最優先である救出等と不可分に連動する。期間は発災後一四日以内、助産は分娩から七日以内とされている（一般基準五条一号ホ・二号ニ）。

実務の視点　医療及び助産についても、都道府県は、災害救助法一三条に基づき市町村に委任できるが、広域災害の場合は直接実施することが多い。公立病院や医師会でチームを編成し、都道府県が派遣したり、同法一六条に基づき知事から委託を受けた日本赤十字社（日赤）が応急的な診察や治療、病院への収容等を行う。

医薬品や医療資機材も不足するなか、救出された被災者で応急措置が必要な者が多数の場合、現場で治療や救急搬送の順位や搬送先を決定するトリアージが不可欠である。医師、看護師、業務調整員（医師・看護師以外の医療職及び事務職員）で構成され、このような災害急性期（概ね四八時間以内）に活動できる機動性を持ち専門的なトレーニングを受けた医療チームであるＤＭＡＴ（ディーマット）は有用であり、全国に存在している。ＤＭＡＴは初動で終わるが、「救助」としての医療は、応急対策が終わるまで続けられることがある。

東日本大震災津波の際の岩手県の運用等　岩手県は、発災直後に岩手ＤＭＡＴを出動させるとともに、災害対策本部内に岩手県ＤＭＡＴ調整本部を設置し、厚生労働省のＤＭＡＴ事務局に派遣要請を行った。岩手県には二九都道府県から一二八チームが参集し、発災八日後（二〇一一年三月一九日）まで期間を延長して活動した。派遣までに時間を要したことやＤＭＡＴ間の連携が十分でなかったことが指摘されている。

発災直後から、精神科医と保健師等により編成された「こころのケアチーム」が被災地に派遣された。当初は、岩手県の調整のもと、全国からケアチームが派遣されたが、発災約一年後（二〇一二年二月）からは、岩手県が「岩手県こころのケアセンター」を岩手医科大学内に設置し、同大学が委託を受けて運営している。沿岸七か所で週一回程度相談室を開設し、二〇一九年七月現在も継続している。

(5) 埋葬、死体の捜索等

制度等　災害により死亡した者の遺族による埋葬が困難な場合、災害救助法四条一項九号に基づき、都道府県が応急的な埋葬を行う。また、同項一〇号及び同法施行令二条一号に基づき、都道府県が、災害による死亡が推定される行方不明者の捜索や、死体の洗浄や縫合等の処理を行う。期間は、いずれも発災から一〇日以内とされている（一般基準一〇条四号及び一一条）。

埋葬自体は、墓地埋葬法に基づいて行われるが、著しく異常かつ激甚な災害として政令で指定された場合は、死亡届を受けた市町村長でも埋火葬許可ができる等の手続の特例が講じられる場合がある（災対法八六条の四）。身元が判明しない場合は、行旅病人等取扱法に基づき対応する。

実務の視点・東日本大震災津波の際の岩手県の運用等　遺体が多数である上、身元判明まで時間を要する場合も多く、かなりの遺体安置場所が必要だった。被災市町村の行政機関の機能も低下していたため、岩手県警が職員を派遣し安置場所の確保にあたった。発災四日後（二〇一一年三月一五日）に収容した遺体数が最大となった。資機材も十分でなく、電気や水道も使えず、検視も困難であった。発災三日後（同月一四日）に、国や葬祭業組合等に棺等を要請したが、それが届いても組立が間に合わないうえ搬送手段も不足し、当初はニーズに追いつかなかった。被災市町村では、通常の埋火葬許可事務の実施が困難なため、厚生労働省は特例措置を講じ、特例許可証で対応した。しかし、これを通知で行った。平時は、墓地埋葬法は、細部までは規律しておらず、自治体が判断できる裁量の大きい「分権的」な法と評価されているが、この場合、それゆえに、省令での対応はできなかった。そうであれば、法改正をしなければできなかったのではないかとの批判がある。

発災三日後以降、通電が再開されたところから、火葬が始まったが、沿岸被災地の火葬場だけでは対応しきれなかった。土葬も検討されたが、遺族からの強い希望もあって、それは見送り、発災一週間後（同月一八日）から内陸及び県外の火葬場と調整し、火葬を行った。遺体の搬送手段の確保も困難だった。

6　施設の応急復旧――障害物の除去とりわけ道路の啓開

制度等　道路等は重要なライフラインであり、その間断ない通行の確保は初動における最優先事項の一つである。そこで、道路管理者等は、道路等に散乱している災害廃棄物を撤去し、通行できるようにする「啓開《けいかい》」を、施設の応急復旧（災対法五〇条一項五号）として、初動時から優先的に行う。それは、廃棄物処理法にも基づいて行われ、災害廃棄物の処理につながっていく。

実務の視点　災害の規模等も、道路の支障物すなわち災害廃棄物の内容も量も事前に想定できない。「何を」「どこから」「どのように」作業するか、「どこに仮置き」するか、全てが作業と並行しながらの判断となり、修正を重ねざるを得ない。道路の啓開を要するような災害であれば、被災も大規模等である場合が多い。生存者等の捜索や救助も関係する。道路管理等を行う行政機関だけではなく、機動力と実行力を有する自衛隊、警察や消防を始めとする多数の機関と関係業界との連携や調整が必要となる。初動時は、夕暮れ前まで目いっぱい作業するので、翌日の作業の打ち合わせは、夜の市町村の災害対策本部会議等で行うことになる。啓開に伴い、臨機応変に仮置場を確保するには、作業全体を把握するだけではなく、作業する地域の地理状況や土地の使用状況や権利関係、所有者の事情等を熟知する市町村の担当職員の力が不可欠である。最終的な処理を考えると、できるだけ分別すべきだが、確保できる作業のスペースと要求されるスピード等との兼ね合いになろう。

東日本大震災津波の際の岩手県の運用等　岩手県及び市町村は、自衛隊や国土交通省東北地方整備局、応急対策業務協定を結んでいた建設業協会等と連携して、内陸を縦断する「縦軸ライン」の東北自動車道と国道四号線を確保したのちに、海岸に至る「横軸ライン」を確保する「くしの歯作戦」を展開した。港湾においても、国土交通省と連携し、日本埋立浚渫協会との協定に基づき、起重機船(クレーン船)等が派遣され、海上啓開作業が行われた。漁港においても、災害協定に基づき、災害廃棄物の撤去が行われた。

7　生活環境の保全及び公衆衛生

制度等　災対法五〇条一項六号に基づき、「生活環境の保全及び公衆衛生」に関する対策が講じられる。具体的には、災害廃棄物、生活ごみやし尿の処理は、廃棄物処理法に基づき市町村が、感染症予防対策は、感染症予防法に基づき都道府県が中心となって行う。

実務の視点　災害廃棄物処理は第五章二4⑴で別途概観する。被災地では、食器の洗浄ができない場合、紙やプラスチック製容器が多く排出される傾向にある。し尿は住民から常時発生し、居宅があっても下水道の不通等により避難所のトイレが使われることも多く、まず仮設トイレが必要になる。しかも、高齢者が多いのに和式トイレが届くなどのミスマッチもあり得る。それらが間に合わない場合は、土地に素掘りのもの等が用いられることもある。

避難所では被災住民が密集するので、インフルエンザなどの感染症予防対策が講じられる。運動不足等に伴うエコノミークラス症候群などの予防対策も行われる。

東日本大震災津波の際の岩手県の運用等　生活ごみやし尿の処理は発災一〇日後くらいから再開された。被災地のし尿処理施設が被災したため、内陸の処理施設に運搬して処理した。感染症予防対策として、マスクを配布し、手指の消毒薬を備えた。

8　初動におけるその他の対策

⑴　通信・エネルギーの確保

制度等　発災直後、一層、通信は重要である。その通信にも、移動や日常生活にも、エネルギー（電気、ガスやガソリンなど）は不可欠である。災対法に基づき、一定の公共性のある事業を全国的に展開している法人を指定公共機関として内閣総理大臣が、都道府県内で展開する法人を指定地方公共機関として知事が指定する（二条五号・六号）。両者は一定の災害対策を実施するとともに自治体に協力し、防災に寄与しなければならない（六条）。しかし、通信施設やエネルギーに関する施設は、当該事業者の所有であれば、原則として当該事業者によってその対策が行われる。

実務の視点　指定公共機関には、通信に関しては日本電信電話株式会社やＮＴＴドコモなどが、エネルギーに関しては電力・ガス・石油会社などが、指定地方公共機関には、都道府県内でそれぞれの通信やエネルギーの事業を営む法人が指定される。指定公共機関の支社や支店などの地方組織は、指定地方公共機関の指定は受けないが、実際には、災害対策に当たる。

東日本大震災津波の際の岩手県の運用等　発災直後は大規模に停電し、通信設備や市町村の行政機関の庁舎自体も損壊し、消防や警察等公的機関とも連絡がとれず、混迷を極めた。発災二日後、岩手県は総務省に衛星携帯電話等の貸出しを要請し、その要請を受けた携帯電話事業者から提供を受けた。その翌日に自衛隊の協力により、ヘリコプターを使って被災市町村の災害対策本部に届け、一定の通信手段は確保した。通信設備の応急復旧は通信事業者が行ったが、三日間で済んだ地域もあれば二か月を要したところもあった。被災市町村の負担を増やさないため、岩手県災害対策本部が、携帯電話の中継車の配置先や工事日程の調整、複数の事業者間の工事スケジュールの調整を行った。

エネルギーについても、東北地方の太平洋沿岸の製油所、油槽所や運送会社が津波で大きく被災し、出荷停止となり、岩手県内は深刻な燃料不足に陥った。被災した沿岸地域では、自動車が重要な移動・輸送手段であり、人的・物的な支援にも大きな支障をきたした。岩手県は、内閣総理大臣や経済産業省、資源エネルギー庁等に燃料の供給を強く要請したが、状況はなかなか改善しなかった。石油元売り各社が日本海側の油槽所に燃料を集め、タンクローリーや石油輸送列車の運行により徐々に解消したが、安定供給に至るまでは一か月を要した。

(2)　被災自治体の行政機能の回復

制度等・実務の視点

自治体とりわけ市町村の行政機関は、あらゆる災害対策のキーステーションである。災害によっては、当該機関自体も被災し、行政機能が大きく損なわれる場合もある。当該機関が最低限の業務を行うことができないと、初動も進まず、応急対策に移行できない。それにはまず、当該機関自体が落ち着く必要がある。そうしながら、業務を行う庁舎やパソコン等の機材を確保し、最低限の住民サービスを行うための住民基本台帳や税等のシステムを復旧する。マンパワーも不足するので、他自治体や国からの職員の派遣や事務委託や代行が行われる。

東日本大震災津波の際の岩手県の運用等

岩手県は、(1)で見たように、被災市町村災害対策本部に衛星携帯電話を届けた。また、被災市町村に職員数名を派遣し、現地のニーズ把握と県との一元的な調整等にあたらせた。庁舎が壊滅的な被害を受けた陸前高田市や大槌町で（**写真28**）、損壊し

写真 28　全壊した陸前高田市役所

（出典）岩手県公式アーカイブ／提供：陸前高田市

写真 29　電子機器等の損壊

（出典）同上

写真 30　陸前高田市役所仮庁舎

（出典）岩手県公式アーカイブ／提供：特定非営利活動法人陸前高田まちづくり協働センター

た住民基本台帳や税システム（写真29）のデータ復旧が完了したのは、発災から半月後（三月下旬）であった。

被災自治体職員の勤務環境も、非常に重要である。発災から二〜三週間の初動期は、ほぼ不眠・不休で勤務した。体調を崩したり、精神的に不安定になる職員も少なくなかったとのことである。四月に入り、県職員は週休日に、被災市町村職員も交代で休めるようになり、行政機関全体が、かなり落着きを取り戻した。庁舎が全壊した陸前高田市は、発災後に給食センターを仮庁舎とした段階、その二か月後

表９　岩手県の主な応急対策等の準備のスケジュール

災害廃棄物処理	仮設住宅	区分	日付
	公営住宅，民間住宅の空きストックの把握開始	初動	2011/3/11（発災当日）
道路啓開，捜索に伴う撤去開始		初動	3/12（発災翌日）
	建設可能地のリストアップ開始	初動	3/13（発災２日後）
市町村現地調査開始		初動	3/14（発災３日後）
		初動	3/15（発災４日後）
発生量試算，処理方針検討開始	建設用地の現地調査開始	初動	3/16（発災５日後）
		初動	3/17（発災６日後）
		初動	3/18（発災１週間後）
3/29 県対策協議会開催	3/19 陸前高田市で仮設住宅県内１号着工	初動	～3/25（発災２週間後）
	4/1 陸前高田市で仮設住宅１号完成	応急対策	～4/1（発災３週間後）
県への事務委託決定	4/9 陸前高田市で仮設住宅入居	応急対策	～4/11（発災１か月後）

の五月半ばにプレハブの仮庁舎で業務を再開した段階（**写真30**）、五か月後に被災者が概ね仮設住宅に入居し避難所が廃止された段階と、節目ごとにさらに落ち着きを増し、業務も徐々に正常化していった。

9　応急対策等の準備

制度等・実務の視点

初動は、混乱の中で、最優先で緊急性の高い人命の救出などを行うと同時に、応急対策や復旧・復興に円滑に移行するための「準備」を進める期間でもある。

たとえば、道路の啓開により撤去した災害廃棄物の処理や仮設住宅の建設を応急対策で円滑に進めるには、初動のフェーズで、その具体的な計画づくりや用地の確保などが必要になる。

東日本大震災津波の際の岩手県の運用等

最優先の人命救助と生存者の捜索、それと密接不可分な災害廃棄物の撤去を行いながら、同時にその発生量の試算や処理方針の検討や仮設住宅の建設用地のリストアップが行われた。スケジュールの概要は、**表9**のとおりである。

当時は時間も情報も不足しており、応急対策の準備として十分だったと言えるかは疑問である。また、少しでも早い応急対策の着手につなげることが課題である。

第五章　自治体災害対策各論（二）――応急対策

一　応急対策とは

応急対策は、災対法第五章（五〇条〜八六条の一八）に基づくものである。本書では、それから「初動」を除いた、あるいは初動に続く対策とする。復旧・復興までの「しのぎ」や「つなぎ」という、文字どおり「応急」の「対策」である。その内容には、かなりの緊急性や迅速性が求められる初動に近いものから、復旧・復興に近いものまでグラデーションがある。仮設住宅を供与等する救助など、実際には、初動で既に着手していたり、復旧・復興の段階まで引きずるものも少なくない。

期間は、初動が概ね終了してから復旧・復興が始まるまでである。具体的には、一時滞在が必要な被災住民全員が避難所に入るなどしてから、生活を営む要素の「衣・食・住」を「日常的」に確保できるまでが、一つの目安となろう。比較的入手しやすい上、日々の調達までは要しない「衣」類等よりも、被災者が、日々必要な「食」物を自ら調理して調達でき、「急場しのぎ」の避難所から「仮住まいだがかなり平時に近づく」仮設「住」宅等への入居を完了する時点が、応急対策の終了の大きなポイントと解される。

制度等　応急対策は、災対法五〇条一項に定めるもののうち、初動を除いた、被災者の救助等（三号）の一部、被災児童及び生徒の応急教育（四号）、施設等の応急復旧（五号）、清掃・防疫その他の生活環境保全及び公衆衛生（六号）、その他（九号）の一部について行うものである。初動と同様に、これらを行うため工作物を一時使用し収用する応急公用負担等（六四条）、住民や現場にいる者を応急措置に従事させる人的公用負担（六五条）も含まれる。

応急対策においても、公助の中心かつ一次的責任者は、市町村（長）である。現場を最も知悉している市町村長が、状況に応じた的確な判断を行うのが適当である。

実務の視点　応急対策は、災対法及び災害救助法に基づくものが中心である。市町村は、災害救助法一三条により都道府県から委任される災害対策も多く、実務的にも一次的責任を負うことが多い。初動から移行する対策が大半であり、シームレスで、行きつ戻りつがある。行政も被災地全体も、初めのうちは混乱もあるが、相当落ち着いてくるフェーズでもある。

東日本大震災津波の際の岩手県の運用等　初動と同様に、それぞれの対策が同時並行的に進められた。まずは、生存に直結する仮設住宅の建設・供与と、災害対策全体の支障となっていた災害廃棄物の処理が、他に優先して、集中的に進められた。

表10　主な応急対策のスケジュール

復旧・復興の準備	災害廃棄物処理	学校教育	避難所，仮設住宅	市町村の回復	体　制	区分	日付（2011年）
	道路啓開等に伴う撤去		避難所開設 仮設住宅建設開始	県リエゾン派遣 全国自治体職員派遣	災害対策本部設置 自衛隊派遣	初動	3/11～3/31
市町村が復興ビジョン策定	県への事務委託					応急対策	～4/11（発災1月後）
施設復旧災害査定	国マスタープラン策定	入学式，授業再開		県職員派遣 市役所等仮設庁舎開庁			～5/11（発災2月後）
	一部処理開始 県実行計画策定						～6/11（発災3月後）
市町村復興計画策定	災害廃棄物の測量等				自衛隊撤収		～7/11（発災4月後）
県復興計画策定			仮設住宅完成		県災害対策本部廃止・復興本部設置		～8/11（発災5月後）
	処理詳細計画策定	一部は自校での授業再開				復旧・復興	～9/11（発災6月後）
	破砕・選別委託プロポーザル		仮設住宅入居完了，全避難所閉鎖				～10/11（発災7月後）

「応急」対策のフェーズではあるが、被災者の生活が落ち着くにつれ、生活の質（ＱＯＬ）が求められていった。個人の尊厳の観点から、憲法二五条の「健康で文化的な最低限度の生活」に照らし、自治体も国も対策を講じた。スケジュールのイメージは、**表10**のとおりである。

岩手県は、発災五か月後の二〇一一年八月半ばに復旧・復興に移行したという整理をしているが、その時点では、応急対策が続いている分野もあったように思われる。ただし、復旧・復興の早期の完了のためには、早期の着手が必要であり、さらにそれを少しでも早めることが課題である。

コラム⑩　自粛の「塩梅《あんばい》」

東日本大震災津波が発災した二〇一一年三月は卒業や転勤の時期でもあり、初動から応急対策に移行した四月以降も、通常は入学や入社に加え桜の開花等のパーティーや宴会が盛んに行われる頃であった。しかし、深刻な状況だったことから、被災地内外でのイベント等が「自粛」「自重」された。そのタイミングで「はしゃぐ」のは憚られた。その時、岩手県のある地酒メーカーの社長が、インターネット等で「酒を飲んでほしい。それが経済にも影響し復興につながる」旨を呼びかけてから、状況はかなり変わった。

二〇〇一年九月一一日の同時多発テロの際、ワシントンＤＣでも、商店は、発生した午前は閉まっていたが、夕方には街角に装甲車が停まっている中、かなりの範囲で営業が再開された。気質もあろうが、かなり割り切っていたように感じた。ただし、公共・公用施設では弔旗がたなびいていた……。
悲しみを共有するというのは、一つの文化であると思う。しかし、被災地以外の経済活動が盛り上がらないと被災地までしぼみかねない。被災地に寄り添うことと、被災地を救うために旺盛な経済活動をすることの調和ないし選択をどう整理すればよいだろうか……。

二　応急対策における各対策

1　被災者の救助等――仮設住宅の供与等

災対法五〇条一項三号の「被災者の救難、救助その他保護」を具体化するものとして、災害救助法四条一項に規定されたもののうち、仮設住宅の供与（一号）について概観する。

制度等　避難所は、住家を失った被災者の一時滞在を応急的に受け入れるためのものである。被災者は、ギリギリの状況をしのぎながら、住家を補修するか、新たに取得や賃借するかなどして居宅を確保しなければならない。「すぐに」「自力で」それができない者に対しては、「つなぎ」が必要である。都道府県は、災害救助法四条一項一号に基づいて、仮設住宅を供与しなければならない。市町村長への委任も可能である（一三条）。

仮設住宅には、「みなし仮設住宅」として既存の空き家や空き部屋を用いる場合と、新たに建設する場合の二つがある。まずは前者が検討されるが、十分な量を確保できないことが多く、実際には後者が中心となる。発災日から二〇日以内に着工しなければならず、供与期間は建築工事完了から最長で二年三月である（一般基準二条二号）。避難所と同様に、著しく異常かつ激甚な非常災害として政令で指定された場合は、消防法一七条の適用が除外される（災対法八六条の二）。「仮設」であるし、メンテナンスにも公費を要することから、供与が終了すれば、撤去するのが原則である。

実務の視点　仮設住宅の建築工事は、初動時より始まるが、実際には被災者が避難所に収容された後の応急対策時に本格化する。被災者が自力で住宅を確保したり災害公営住宅等に入居できるまで、自治体は、仮設住宅を供与せざるを得ないので、復旧・復興のフェーズまで続く場合も少なくない。「日常」を早く取り戻すには、「本設」住宅の確保を優先させるべきだが、被災の規模等によっては、先行して仮設住宅を供与せざるを得ない場合も多い。

作業の流れは、概ね、①必要戸数等の把握→②仮設住宅の内容の検討→③財源確保→④実際の建設用地の確保→⑤資材や建設業者の確保→⑥契約等の手続→⑦建設→⑧入居の手続・メンテナンス→⑨退去の手続→⑩撤去・用地の原状回復と返還等である。迅速性と確実性が求められ、ニーズが高く可能なところから進められる。このため、実際には各作業は相互に並行し、前後するのが「通常」である。

都道府県は市町村に委任できるが、規格や単価等市町村間で格差がないよう広域的な調整が必要なため、建設については、通常、都道府県が自らの責任で行う。ニーズの把握、用地の選定と確保、入居の手続等は、被災市町村が中心となって行う。

東日本大震災津波の際の岩手県の運用等　仮設住宅（**写真31～33**）の建設は、津波により中心部が壊滅的な被害を受けた陸前高田市で、岩手県内で最も早い発災八日後（二〇一一年三月一九日）に着工され、二週間で完成し、発災約一か月後（四月九日）から入居が開始された。その後も、被害の甚

写真 31　プレハブ様の仮設住宅

（出典）岩手県公式アーカイブ／提供：陸前高田市

写真 32　木造調の仮設住宅

（出典）岩手県公式アーカイブ／提供：特定非営利活動法人陸前たかだ八起プロジェクト

写真33　内部の様子

（出典）岩手県県土整備部建築住宅課『東日本大震災津波対応の活動記録――岩手県における被災者の住宅確保等のための5か月間の取組み』（岩手県公式ウェブサイト・2011年）80頁

大な沿岸南部が優先されたが、四月上旬には、沿岸北部も着工された。発災五か月後（八月一一日）には、全県で必要戸数一万四千戸が完成し、その二か月後（一〇月一一日）には、入居も完了し、全ての避難所が閉鎖された。客観的に見ても、非常に迅速に進められたと言えるが、一部のマスコミ等が、岩手県の取組みを「遅い」と批判することもあった。一定の期間を要した理由は、法制度や事前の準備の問題もあるが、仮設住宅の建設需要（ニーズ）が、地理的（建設用地）、人的（建設業者及び自治体職員）、物的（資材や機材）なキャパシティーをはるかに上回ったからである。全県の新設住宅着工戸数は、発災前年の二〇一〇年で五、二二七戸、沿岸地域で七三八戸であったのに対し、二〇一一年四月から八月までの四か月で建築した仮設住宅は一三、九八四戸である。「本設」と簡単には比較できまいが、全県分の通常の二・七倍で、沿岸地域分の通常の一八・九倍に当たる戸数の建設である。しかも、四か月という短期間で求められた。むしろ驚嘆すべきスピードだったと言えるのかもしれない。

具体的な作業において、まずは建設用地の確保に苦しんだ。各市町村が地域防災計画の中であらかじめ作成していたリストに登載されていた用地は、被災していたために実際には建設できなかったり、その後の余震や津波で被災しかねない場合もあり、ゼロから始めなければならない部分も相当あった。原野を切り開いて建設したところでは、後日蟻が発生するなど、苦情対応の必要に迫られた。建設業者と資材の確保も急務だった。県と協定を締結している㈳プレハブ建築協会とその会員だけでは間に合わないため、地元を中心とした業者も建設を行った。断熱材も品薄だったところ、完成を優先させ、最低限の部分以外の防寒対策は追加工事で対応した。生活が落ち着いてくると、かつて住んでいた地域に関係なく入居させた「団地」ではコミュニティー形成のための対策や住環境改善への対応が求められた。

建設や維持に加え、その撤去も課題となった。学校の校庭等を用いている場合は早期の撤去が必要であるが、それが可能となる被災者の居宅の確保と転居までも相当時間を要することがあった。

2　被災児童及び生徒の応急教育

制度等　災対法五〇条一項四号に基づく「災害を受けた児童及び生徒の応急の教育」と災害救助法四条一項八号に基づく「学用品の給与」が行われる。

実務の視点　教育は、直接生存に係わるものではないが、就学期間があり、必要な授業時間数と到達度等が定められており、進学や就職を控えた児童・生徒の将来に大きく影響するため、早期の授業再開が求められる。児童・生徒と教職員の安否を確認した後、必要な施設や機材、学用品、離れた施設を用いる場合はスクールバス等の移動手段、午後の授業を実施するためには、児童・生徒や教職員の昼食

写真 34　通学や移動のためのスクールバス

（出典）岩手県公式アーカイブ／提供：岩手県立図書館

写真 35　学校のグラウンドに仮設住宅を設置

（出典）岩手県公式アーカイブ／提供：陸前高田市

の確保が必要になる。

東日本大震災津波の際の岩手県の運用等

校舎が被災した場合、別の学校を間借りしたり、少子化などに伴う統廃合による空き校舎を仮校舎として利用したところもあった。そのための工事に、発災から一〜二か月（二〇一一年五月初めまで）を要した。本来の校舎を利用できるまでには約半年（八月いっぱいまで）を要したところもあった。校舎を確保した後に準備も必要になるので、授業再開には、さらに約一か月を要した。移動などにはスクールバスを用いたところもあった（**写真34**）。

遅れを取り戻し、必要な授業時間数を確保するため、土曜日も授業を行い、夏季休業も短縮したが、児童・生徒や教員等の負担も大きく、限度があった。新たに遅れを生じさせないために、午後の授業は欠かせず、それには給食などの確保が必要だった。調理施設が被災していなかった隣接市町村や内陸市町村の協力を得て、必要な給食数を確保した。

体育館等は避難所として、校庭は自衛隊のキャンプや仮設住宅建設の用地として、長期間用いられるなど、部活動は勿論、保健体育等の授業にも直接支障を来した（写真35）。

3　施設等の応急復旧

道路等の公共施設や市役所庁舎等の公用施設などの本格的な復旧には、かなりの時間と労力そして財源を要する。それが完了するまでそれらの施設等を使えないのでは、住民生活はもちろん復旧・復興自体の支障にもなりかねない。そこで、本格復旧までの「しのぎ」ないしは「つなぎ」として、必要な施設を最低限使えるようにする「応急復旧」が行われる。初動の時は、必要不可欠なライフラインの道路等をなんとか通行できるように災害廃棄物を撤去する「啓開」が中心だったが、応急対策のフェーズでは、被害の拡大を防ぐこととともに、最低限の使用ができるようにする補修が中心となる。

(1)　公共施設の応急復旧

制度等・実務の視点　災対法上、施設等の応急復旧は、応急対策の一つと位置付けられているが（五〇条一項五号）、その後の本格復旧につながるので、復旧（災対法第六章）の一部とも解されよう。管理者である被災自治体の財源だけでは賄えないことが多く、国からの財政支援等（三条一項、九条一項）に頼らざるを得ない。道路等公共土木施設であれば公共土木施設復旧国庫負担法があり、被災が一定のレベルを超えれば、激甚法で補助が嵩上げされる。「本格」復旧は、①被災自治体が国庫負担を申請し、②その必要性と程度及び必要額を見定める国の「災害査定」を経て、そこで認められたものだけがその範囲で補助を受け、③復旧工事が行われる。しかし、「応急」復旧の場合は、かかる災害査定を待たずに工事等ができ、その後の「本格」復旧の際の災害査定で内容が確認され、合理的であれば遡及して補助を受けることができる。

応急復旧のための土地の一時使用や物件の収用など公用負担も、道路法六八条や港湾法五五条の三など個別法に基づき行われる。

東日本大震災津波の際の岩手県の運用等　三陸沿岸の幹線である国道四六号線について、一部を流失した橋の仮橋が完成するなどして、発災四か月後（二〇一一年七月一〇日）には、全線の通行が可能になった。このほか、震災により地盤沈下し、冠水するようになった道路は、応急的な嵩上げが進められた。港湾施設も、災害廃棄物の撤去や地盤沈下による段差の解消などにより、発災一か月後

写真 37　港湾施設（応急復旧後）

写真 36　港湾施設（被災直後）

写真 39　海岸保全施設（応急復旧後）

写真 38　海岸保全施設（被災直後）

写真 41　下水処理場（応急復旧後）

写真 40　下水処理場（被災直後）

（出典）岩手県記録 119 ～ 124 頁

(四月半ば)には一般船舶が利用できるようになった(写真36、37)。防潮堤等の海岸保全施設の応急復旧工事は、発災日から一年を要し、二〇一一年度末に完了した(写真38、39)。水道施設の運転には電気の復旧が不可欠であり、通電地域の拡大とともに給水地域も拡大し、発災四か月後(七月一二日)には、全面的に復旧した。下水処理場は、発災直後から応急復旧が進められた(写真40、41)。

(2)　医療施設の応急復旧

制度等・実務の視点

医療施設も応急復旧が図られるが、それさえ待てない場合、「臨時」や「仮設」で対応する。医療施設は、避難所と同様に消防法一七条に基づき一定の設備の設置が義務付けられ、医療法第四章に基づく開設許可の取得等が求められている。著しく異常かつ激甚な非常災害として政令で指定された場合、自治体の長が開設するものは、これらの適用が除外される(災対法八六条の三)。

DMATの撤収等に伴い、初動の応急手当が中心の救急から治療も含む救護に移行する。まずは、既存施設で生活の場からできるだけ近い地域での対応が模索される。キャパシティーの問題と、可能な限り地元で医療を受けられるようにすることを勘案しながら、災害医療と並行して応急復旧が図られる。

東日本大震災津波の際の岩手県の運用等

DMATが撤収した後は、岩手県が要請し派遣を受けていた日赤の医療救護班や日本医師会災害医療チーム(JMAT)に、復旧の目途が立った時点で地元の医療機関に業務が引き継がれていった。県・医科大学・医師会・日赤は、発災九日後(二〇一一年三月二〇日）に「いわて災害医療支援ネットワーク」を設立し、災害医療にあたった。岩手県は、仮設診療所を設置し、医師等に無償で貸し付けるとともに、県医師会が運営した仮設診療所の費用を負担した。また、医療施設の復旧や診療再開を支援した。

(3)　応急復旧工事等の調整

制度等・実務の視点　災害の規模等によっては、応急復旧段階から多数の大型の工事が行われる。人手も資材も有限であり、交通等にも大きく影響するため、都道府県と市町村や同じ自治体内の部署間でスケジュールの調整が必要となる。

東日本大震災津波の際の岩手県の運用等　災害の規模等が甚大であったため、復旧・復興は応急のものから本格的なものまで、間断なく続き、迅速性も求められ、土木・建設業者の囲い込みも行われた。後発だと、重要な需要でも対応が困難になることが懸念された。一方、中長期的な「特需」による被災地域への経済効果は大きく、何よりも雇用に直結する。

岩手県では、県が関係する土木・建設工事において、土砂の利用等について調整が行われた。

4　清掃、防疫その他の生活環境保全及び公衆衛生

(1)　災害廃棄物の処理

制度等　災害により発生した廃棄物（災害廃棄物）は、あらゆる主体の活動の障害物となるので、迅

速に撤去する必要がある。その意味では、全ての災害対策の前提とも言える。「廃棄物」の処理でもあるので、応急対策における「清掃・防疫その他の保健衛生に関する事項」（災対法五〇条一項六号）にあたり、廃棄物処理法に基づいて行われる。同法の目的である生活環境の保全や公衆衛生の向上（一条）という点からも、迅速に処理する必要があり、法体系としても整合していると言えよう。障害物の撤去として始まるので初動の一環とも、発災以前の原状回復でもあるので復旧・復興の一環とも整理できる。しかし、初動で撤去しても、その後の処理がなされなければ完結したことにはならず、また復旧・復興の前提でもあるので、主として応急対策に位置付けるのが適当と考えられる。

「災害廃棄物」とは何か。法律上必ずしも明確ではないが、廃棄物処理法上、事業由来すなわち産業廃棄物ではないので一般廃棄物と整理され（二条）、市町村が処理する（六条の二第一項）。各市町村単独で処理することも、一部事務組合や広域連合（地方自治法二八四条）で共同処理することもできるし、事務委託（同法二五二条の一四）により都道府県が行うこともできる。著しく異常かつ激甚な非常災害として政令で指定され、環境大臣が指定した廃棄物処理特例地域内の市町村から要請があれば、国が代行できる（災対法八六条の五）。

財源措置としては、国からの災害等廃棄物処理事業費補助金（廃棄物処理法二二条）、地方交付税措置等がある。

実務の視点　災害廃棄物の処理は、①現場に散乱しているものを撤去し、②量や状態によっては、ある程度集積して仮置きし、廃棄物処理施設が処理できるよう一定の大きさに破砕したり選別した後に、③当該施設等に運搬し、④再利用に供したり、セメント資源化等再生利用（リサイクル）し、それができない場合には焼却等（中間処理）を行い、焼却灰や不燃物を埋立て（最終処分）して完了する。

発生段階で「減量（リデュース）」等のコントロールはできない。発生を所与としつつ、災害廃棄物について、「何」を、「どれぐらい」、「いつ」、「どこで」、「どのように」、「再利用（リユース）」あるいは「再生利用（リサイクル）」または「処理」するかという、「処理ルートの確保」が重要である。一般廃棄物である以上、発生した市町村内の処理ルートの活用が原則だが、膨大であったり処理が困難となると、あらゆる可能性を選択肢に加え、いっそう柔軟に取り組む必要がある。そこで、産業廃棄物の処理ルートの活用や、近隣市町村の施設や業者等、それでも足りない場合には他都道府県すなわち全国の施設等での処理を模索する。実際の処理ルートを逆算し、まずは最終的な処理等である再利用や再生利用、焼却及び最終処分の施設等を確保する。場合によっては、新規または仮設の処理施設を設置することもあり得る。次に、当該施設等までの運搬手段の確保が必要である。それらの前提として、当該施設等が受け入れることができる仕様に災害廃棄物を破砕・選別する必要がある。撤去した災害廃棄物を仮置きするスペース（仮置場）の確保も不可欠である。仮置きや処理で使用した土地が汚染される可能性もあり、仮置き等が終了した後の原状回復の方策や、借りた土地であれば、その返還方法も検討しておく必要がある。散乱している災害廃棄物の撤去方法も重要である。まずは、処理すべき災害廃棄物の量や性状と

図２　災害廃棄物処理に関する計画

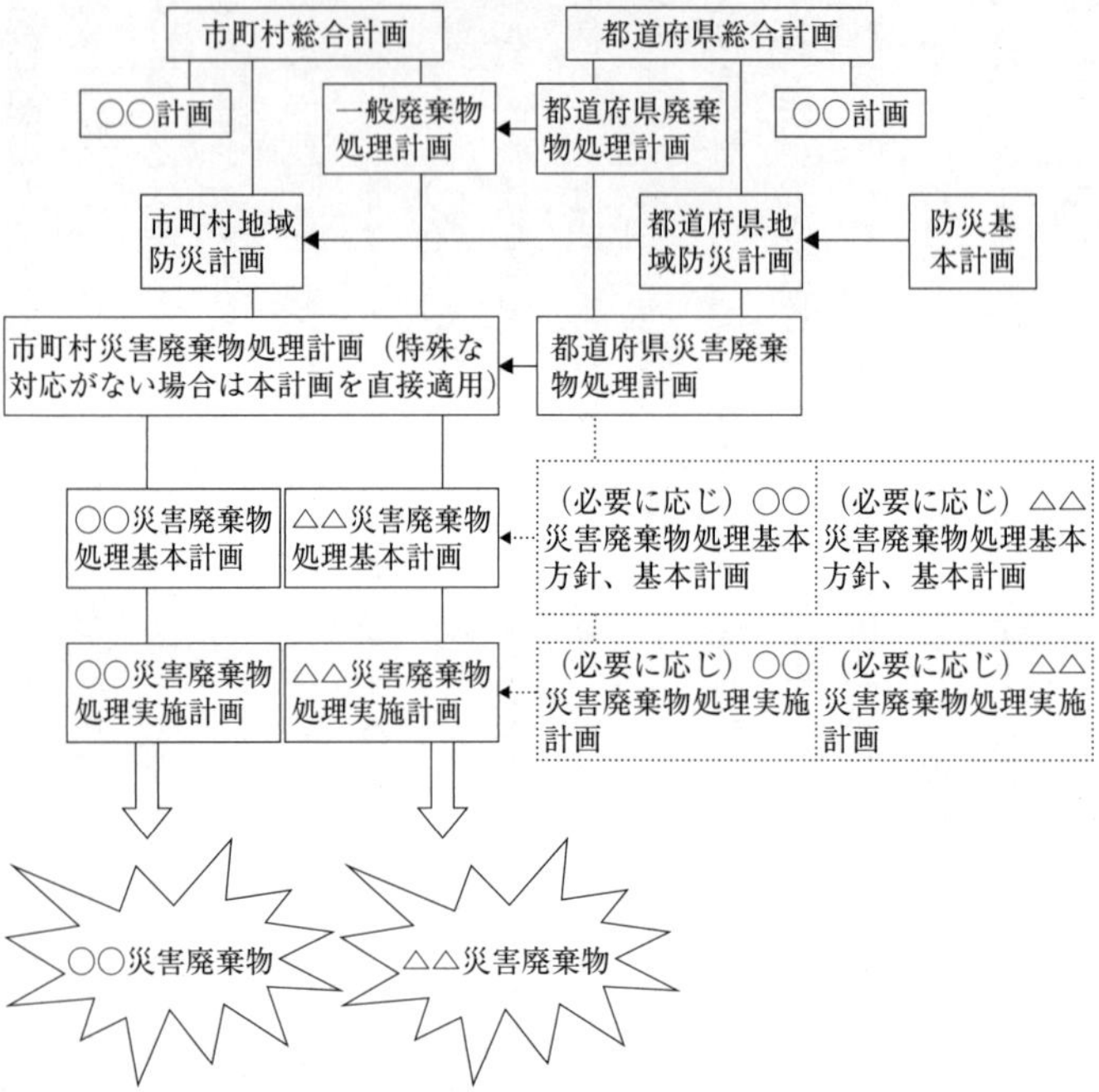

処理に要する費用を把握し、そのための財源や主体となる市町村などの体制を確保する必要がある。実際には、全てがこの通り進むわけではなく、それらの作業が並行したり前後しながら、行われる場合が多い。

　これらは一つの「プロジェクト」と言える。災害廃棄物が大量であったり、処理が困難であったり、スピードが求められるほど、総合的かつ計画的に進めなければならず、処理計画が必要になる。通常のルートで処理しきれる場合には、事前の一般的な市町村地域防災計画（災対法四二条）の災害廃棄物処理に関する部分により対応できるが、場合によっては、当該災害固有の災害廃棄物の処理計画を策定することになろう。これらは国の基本方針（廃棄物処理法五条の二）及び都道府県廃棄物処理計画（同法五条の五）に則したものである必要がある。イメージは図2のとおりである。これらの計画に従い、市町村等は処理を進める。災害等廃棄物処理事業費補助金の対象となる場合は年ごとに補助金申請を行う。

東日本大震災津波の際の岩手県の運用等

発災直後から、国・県・市町村と自衛隊、建設業者が連携し、道路の啓開等の一環として、災害廃棄物の撤去に着手した（**写真42、43**）。被災市町村

写真 42　啓開・撤去

（出典）岩手県公式アーカイブ／提供：陸上自衛隊青森駐屯地

写真 43　仮置き

（出典）岩手県公式アーカイブ／提供：陸前高田市

の意向も受け、岩手県は国と協議し、地方自治法上の事務委託により災害廃棄物処理を行うこととし、応急対策に移行した二〇一一年四月以降、協議が調った市町村から、順次災害廃棄物処理を受託した。

国が策定したマスタープランを受け、岩手県は、「岩手県災害廃棄物処理実行計画」を同年六月に策定し、セメント資源化を中心としたリサイクルを重視し、広域処理も活用しながら、二〇一三年度末を目途に処理を完了するとの方針を定めた。その後、測量等により災害廃棄物の量や性状を把握し、処理ルートも模索しながら、復旧・復興に移行した同年八月末に、「岩手県災害廃棄物処理詳細計画」を策定した。災害廃棄物の推計量の変更や処理の進捗等を反映し、翌二〇一二年五月及び二〇一三年五月の二回、同計画を改訂した。

岩手県で発生し処理した災害廃棄物の量は六一八万トンと、県全体で年間発生し処理する一般廃棄物の約一四年分であり膨大であった。それが沿岸地区に「集中して」発生した。しかも、津波で土砂などと混合されていたため、その量と内容の正確な把握は、処理の実績によるほかなかった。何が混合しているかわからない上、海水による水分と塩分を大量に含んでおり、処理は困難を極めた。これほど膨大で土砂などと混合された災害廃棄物の処理は、国内外でも前例が見当たらず、まさに手探りで進められた。そのため、岩手県受託分の本格的な破砕・選別は、方法の検討や国との協議、業者の選定や破砕・選別施設の設置等に時間を要し、発災から一年近く経過した二〇一二年一月から始まった（**写真44**）。二〇一四年三月に三年間にわたった処理は目標どおり完了し、約八八パーセントを再利用・再生利用した。同年内に破砕・選別施設や仮設焼却施設を撤去し、仮置場も含め処理に使用した土地を原状回復し、返還した。

さらに、福島第一原発の爆発により飛散した放射性物質による影響が懸念され、処理先の確保も難航した。とりわけ、他都道府県での広域処理においては、処理先の住民からの強い反対がある場合もあった。国は、二〇一一年八月に東日本大震災災害廃棄物処理特措法を制定し、広域処理のマッチングを積極的に支援し、全国の都道府県に協力を要請した。東京都が同年一一月から本格的に広域処理を開始し、

写真44　破砕・選別

（出典）岩手県災害廃棄物処理記録誌・裏表紙

写真45　広域処理のための鉄道貨物での運搬

（出典）岩手県災害廃棄物処理記録誌 96 頁

翌年の春以降全国的に進んだ（写真45）。

処理に困ったのは、全体の八五パーセントを占める不燃物とりわけ混合のまま分別が進まなかったものや、鉛が編み込まれている漁具・漁網であった。土砂等は復旧・復興の工事での再利用とセメント資源化を（写真46、47）、漁具・漁網は広域処理を進めた。

要した費用は二、六八七億円であった。二〇一一年五月に制定された東日本大震災財源特措法により、災害等廃棄物処理事業費補助金の補助率が通常五〇パーセントのところ、最大九五パーセントまで引き

写真46　土砂の再利用のための復興資材化

（出典）岩手県災害廃棄物処理記録誌92頁

写真47　セメント資源化

（出典）岩手県災害廃棄物処理記録誌100頁

上げられた。残りの市町村負担分も震災復興特別交付税で措置され、事実上地方負担はない破格の措置が講じられた。ただし、事務委託は想定されておらず、処理は受託した県が行い、費用も支出しているのに、補助金申請は委託した市町村が行うなど苦労があった。災害査定も毎年行われた。

岩手県全体で発生し処理する一般廃棄物の約一四年分の量を三年で処理したのだから、驚異的スピードとも言えそうである。しかし、早期の復旧・復興を進めるには、三年という期間は短くはない。処理自体の迅速化ももちろんだが、本格処理の破砕・選別の開始まで発災から要した一年を、さらに短縮できれば、より早期に災害廃棄物の処理が完了し、復旧・復興も早く手掛けられたように思われ、大きな課題と考えられる。

コラム⑪　災害廃棄物は一般廃棄物か？

災害廃棄物は、現行では、法制度上も実務上も一般廃棄物と整理されている。一方で、それでは処理の選択肢や処理ルートが狭まるとして、かねてより疑義が呈せられてきた。環境法のみならず法の一般原則とも言える原因者負担原則では対応できないので、公的主体すなわち行政が行うことに異論はなかろう。しかし、被災した市町村が処理責任を負う一般廃棄物に区分するのは合理的であろうか？

産業廃棄物を排出する事業者が費用を負担して処理することはもちろん、一般廃棄物を市町村が処理することも原因者負担原則で説明できる。市町村の構成員である市町村民の生活が原因で排出されたものであり、処理費用はその税金等で賄われているからである。しかし、「災害廃棄物」は原因者が存在しないのだから、新たに区分すべきではなかろうか。そうして性状等に応じ、一般廃棄物処理施設でも産業廃棄物処理施設でもスムーズかつフルに処理できるようにするのである。

　実際には市町村が処理するにしても、日常的に発生する生活ごみなどに加えて、発生の頻度は低いが、ひとたび発災すれば膨大な量が発生する災害廃棄物を処理するのは、施設的にも人的にも余力は少なく、内容としても困難な場合も多い。処理の恩恵を受ける市町村民は都道府県民であり、国民でもある。そうであれば、処理責任は国と都道府県と市町村が重畳的に有し、機動的処理が可能な市町村がまず担当し、都道府県そして最終的には国が補完するという整理が適当なのではなかろうか……。

(2)　防疫――悪臭・害虫対策

制度等・実務の視点

　災害廃棄物が散乱し、その処理も停滞すれば、腐敗が進んで悪臭が漂い、害虫も発生しかねない。多数の被災者が避難所に一時滞在するような状況では、衛生状況も悪化する可能性がある。そこで、防疫が講じられる。防疫に関係する災害廃棄物の処理は(1)で、生活ごみやし尿の処理及び感染症対策は第四章二**7**で、それぞれ説明したので参照されたい。

東日本大震災津波の際の岩手県の運用等

水産加工施設が被災し、水産加工物が散乱した地域では、腐敗が進み地域一帯は悪臭に苛まれた。風向きによっては、夏でも窓を開けていられない状態だった。ハエも大量発生し、網戸等で対応した。原因となっている災害廃棄物の処理を進めるとともに、専門的に活動する団体の支援を得、県や市町村が連携しながら、悪臭や害虫への対策を進めた。

5　応急対策におけるその他の対策

(1)　生活の質の向上

制度等・実務の視点

被災者の「健康で文化的な最低限度の生活を営む権利」も、憲法二五条で、当然に保障されている。避難所の生活が続くと、徐々に生活の質の向上も求められる。

自宅や浴室等が損壊したり水や燃料を調達できず、避難所にも浴室等がない場合、何日も入浴できないと不満が高まる。自衛隊やボランティアが簡易で移設が可能な施設を用い、入浴支援を行うことがある。自衛隊による場合は、国が費用を負担する。

被災者の気を紛らわせ、励ますため、芸能人やスポーツ選手等によるイベントが行われることもある。

東日本大震災津波の際の岩手県の運用等

入浴支援は仮設住宅への転居が進むまで続けられ、非常に好評だった。かなりの人数が利用するため、すぐに汚れ、衛生面での配慮が必要であった（写真48、49）。

写真 48　自衛隊による入浴支援

（出典）岩手県公式アーカイブ／提供：陸上自衛隊岩手駐屯地

写真 49　NPO 等による入浴支援

（出典）岩手県公式アーカイブ／提供：特定非営利活動法人吉里吉里国

写真 50　被災者を対象にした各種イベント

（出典）岩手県公式アーカイブ／提供：特定非営利活動法人陸前たかだ八起プロジェクト

引きこもったり、気分も滅入りがちな被災者にとって、イベントの効用は大きいと思われる（**写真50**）。一方、頻繁に開催されるようになると、イベント疲れの声も生じた。

(2)　罹災証明

制度等・実務の視点

後述する被災者生活再建支援金（第六章二3）の受給には、居住する住宅の一定以上の被災を要件としているものが多い。その被災の程度等を公的に証明する書類として、罹災証明書がある。被災者の申請により、市町村長が、住家の被害の状況を調査し、その程度（全壊、大規模半壊、半壊等）を証明するものとして交付する（災対法九〇条の二第一項）。初動時にも申請はあり得るが、被災した住民も市町村もある程度落ち着く応急対策の際が中心となろう。

東日本大震災津波の際の岩手県の運用等　申請の受付は、発災半月後の二〇一一年三月末から開始した市町村もあるが、応急対策に移行し、最低限の体制が整った四月から行ったところが多いようである。県内で最も被害が甚大だったとされる陸前高田市においては、津波の被害を受けたエリア全体を一律に全壊としたので、大きな混乱はなかったとのことである。ただし、全壊と半壊の住宅の境目となる地点の周辺や、地区（字界）で区分したため全壊と半壊の住宅が混在するエリアでは、対応に苦慮した場合もあったようである。

(3)　災害ボランティアの受入れ

制度等　災害ボランティアの受入れやコーディネートは、市町村の社協（社会福祉法一〇九条一項）及び都道府県社協（同法一一〇条）が、災害ボランティアセンターを設置して行う。地域防災計画の中にも位置付けられている。その設置・運営には、赤い羽根共同募金による「災害等準備金制度」を、災害ボランティアについては「災害ボランティア・NPO活動サポート基金」を活用できる。

実務の視点　発災が報じられると、被害の規模等に比例するように、災害ボランティアに関する問合せや申し出が、被災自治体に寄せられる。社協が災害ボランティアセンターを設置すると、そちらに窓口は移る。

初動時から災害ボランティアの申し出が寄せられることも多いが、実際の受入れは応急対策から復旧・復興の初期に集中する。初動や応急対策の初期は現場も混乱しており、現場までの移動手段の確保もできず、立ち入ること自体に危険が伴う場合も少なくない。被災自治体や災害ボランティアセンターは、災害ボランティアの受入れが可能な状況であるかどうか、現場のニーズも踏まえ、どの場所にどんな作業が必要かを把握し判断する必要がある。災害ボランティアは、復旧・復興が本格化してからも必要な場合も多いが、徐々に「熱」が冷め、急減することも少なくない。

災害ボランティアによる活動は、大いに期待されるものではある。しかし、被災の程度、災害ボランティアの主体の能力や習熟度等によっては、特に緊急を要する初動時などの場合、かえって業務の支障になりかねない。そこで、被災自治体や災害ボランティアセンターは、申し出に応じきれないことも少なくない。被災者の救出が終わり、被災現場が一定の「落着き」を取り戻し、準備が整った応急対策の段階で、受入れを本格化させ、復旧・復興が軌道に乗り、前途が見える期間まで続く。自己完結できる主体を除き、集合場所から活動現場までの送迎等や必要な資材の提供、活動には怪我が伴うことも多いのでボランティア保険への加入等の「支援」をしながら、災害ボランティアを受け入れる。

東日本大震災津波の際の岩手県の運用等　発災直後は、被災市町村には連絡が取れなかったことから、岩手県に照会や申し出が殺到した。岩手県社協は、発災当日に岩手県災害ボランティアセンターを、市町村社協も可能なところから市町村災害ボランティアセンターを立ち上げた。現場は危険である上、救出活動に注力しており、災害廃棄物が散乱しているほか道路も破損しており、啓開が進んでからも、ガソリン不足等で現場にも近づけず、申し出に応じかねることも少なくなかった。災害ボランティアセンターは、沿岸市町村の社協自体が被災し立ち上げが遅れたところもある一方で、遠野市など内陸地域の市町村が後方支援拠点として設置した。それらの結果、発災した二〇一一年三月の受入人数は一・二万人だったが、一か月後の四月には受入れが本格化し三倍近い三・五万人となり、二か月後の五月にはコーディネートも円滑に行われるようになった。大型連休の五月や夏季休暇を活用できる七～八月は四・六～四・八万人にまで増えたが、九月には三・六万人、一二月には〇・九万人と激減した。翌二〇一二年初頭に〇・五万人程度に落ち込み、同年の春に一万人台に戻ったが、また冬に減るという形で、どんどん縮小した。

⑷　産業の応急復旧

制度等・実務の視点　産業施設は、私有財産であれば、応急でも復旧に公費の負担はないのが原則である。しかし、大規模等災害時に、自力再建は困難である。しかも、応急とはいえ、産業の復旧・復興は地域経済に大きく影響する。

農地・農業用施設、林業用施設や漁業用施設は、従事者が零細であることが多い一方、食糧生産の基盤として公共性が高いため、農林水産施設復旧国庫補助法の対象となる。公共・公用施設と同様に、「応急」復旧の場合は、災害査定を待たずに工事を行うことができる。

商工業施設も、中小企業の場合、応急でも自力での復旧は困難であるし、市街地形成や都市機能の復旧・復興にも大きく影響し公共性を有する。そのため、応急復旧費用を補助するなど公費で支援する場合がある。

東日本大震災津波の際の岩手県の運用等　農地・農業用施設について、発災した二〇一一年春の作付に必要な範囲で、岩手県は、すぐに災害廃棄物の撤去に取り組み、発災二か月後の五月からは、津波による塩分を農地から除去する作業（除塩）を行った。国の補助事業の対象とならない小規模の被害に対しては、県単独の補助事業を創設して対応した。並行して、農地の所有者などから復旧の意向の有無を確認した。

岩手県は、市町村と連携して、二〇一一年三月及び四月に、損壊や流出した施設・設備の修繕や建設、取得に要する経費を補助する単独事業を創設した。国も五月に、被災した中小企業のグループに施設・設備の復旧・整備を支援する中小企業等復旧・復興支援補助事業（グループ補助金）を創設し、国と被災県が連携し必要となる経費の四分の三以上を補助している。これらは「応急対策」時から行われているが、その場を「しのぐ」だけではなく、「本格」復旧・復興とも言えそうであり、二〇一九年度も継続されている。応急復旧としては、市町村が土地を用意して中小機構が要請し、同機構が仮設施設（店舗・事務所・工場等）を整備し、貸与された市町村が無料で複数事業者を入居させる仮設施設整備事業がある。本設までの一～二年の入居を想定していたが、中長期の運用になっているところもある。整備後一年で市町村に無償で譲渡され、利用期限を過ぎたものは、解体・撤去されるものもあれば、利用者に無償譲渡等が行われたものもある。二〇一一年九月に宮古市で県内初の整備が行われて以降、二〇一九年六月末現在までに県内で六六四棟整備されている。

⑸　建築制限

制度等・実務の視点

自治体は、津波等による危険が著しい区域を、条例で災害危険区域に指定し、住宅の建築禁止など災害防止上必要な制限ができる（建築基準法三九条）。これは、都道府県でも可能だが、実際には地域をよく知る市町村が行うことが多いと思われる。

また、都市計画または区画整理のため必要があると認められるとき、特定行政庁（建築主事を置く市町村の長またはその他の市町村では知事）は、区域を指定し、発災から一月（一月は延長でき、最大二月）以内の期間、その区域内における建築物の建築を禁止するなどの制限ができる（同法八四条）。この制限は、短期間とはいえ住宅にとどまらず広く建築一般に及ぶ。

いずれも私権を制限するものであるので、自治体は慎重にならざるを得ない。

東日本大震災津波の際の岩手県の運用等

岩手県は、建築基準法三九条の災害危険区域の指定は市町村が行うことが適当であるとし、市町村に情報を提供して判断を促した。私権の制限であり市町村も慎重で、住民へのお願いにとどめるべきとして消極的だった。ただし、後述する防集（第六章二-1⑴）の導入に伴い必要となったことから、多くの市町村は、もとの住宅のあった地域である移転促進区域を災害危険区域に指定した。

岩手県及び市町村は、被災規模が大きく、最大二月の期間内に区画整理等の方針を策定できないとして、同法八四条による手法は採用しなかった。

(6) 頻繁な議会の開催

制度等・実務の視点

発災が大規模等であればあるほど、その直後から、補正予算や地方自治法上の事務委託等、議会の議決が必要な事項が多く、頻繁に議会が開催されることになろう。

東日本大震災津波の際の岩手県の運用等

岩手県では、通常、議会は定例会が六月・九月・一二月・二月の計四回開催される。必要に応じ臨時議会が開催されるが、議員選挙後を除けば、年に一回あるかどうかである。発災した二〇一一年は臨時会を四月及び六月に一日ずつ、八月に二日、九月に二日開催した。通常の議決に加え、補正予算や条例改正等の専決処分の承認、繰越の報告等が多かった。

6 災害復旧・復興の準備等

(1) 復旧・復興計画の策定

制度等・実務の視点

第三章四3で見たように、地域防災計画に盛り込まれている復旧・復興計画では一般的・抽象的であり、大規模災害復興法に基づき市町村が定める復興計画では限定的なので、自治体は、独自に復旧・復興についての計画を策定する。

被災地域を所管する市町村や都道府県は、当該地域そして住民に対し、スピード感あるメッセージを発しようとする。それゆえ、復旧・復興計画についても、財源の目途が立つ災害査定さえ待たずに策定し、その後に修正を加えていく場合が大半と思われる。一方、より具体性や現実性を確保するために、災害査定が終了してから、取りまとめる自治体もあろう。

東日本大震災津波の際の岩手県の運用等　岩手県は、発災五か月後（二〇一一年八月一一日）に、「岩手県東日本大震災津波復興計画」を策定した。同計画は、次期岩手県総合計画が策定される二〇一八年度までの八年間を計画期間とし、復興に向けての目指す姿や原則、まちづくりのグランドデザイン、具体的取組を示した「復興基本計画」と、二〇一一～二〇一三年度までの三年間を第一期（基盤復興期間）、二〇一四～二〇一六年度までの三年間を第二期（本格復興期間）、二〇一七～二〇一八年度までの二年間を第三期（更なる展開への連結期間）とし、施策や事業、工程表等を示した「復興実施計画」により構成されている。被災住民や市町村等の意見を踏まえ、岩手県東日本大震災津波復興委員会をはじめとする県内外の専門家や学識経験者からの提言に基づき策定した。

県内市町村も、復旧・復興のビジョンないしは基本方針を迅速に策定し、最も早い大船渡市は二〇一一年四月下旬に、被害が甚大だった大槌町は一二月末に策定した。復興計画は、最も早い久慈市は七月下旬に、大槌町は翌二〇一二年五月下旬に策定した。

表 11　岩手県の主な復旧・復興の準備等のスケジュール

施設復旧	産業復興	被災者の生活再建	まちづくり	住宅の再建	全　体	区分	日　付
	県が中小企業支援事業創設			避難所運営 仮設住宅建設		応急対策	～2011/4/11（発災 1 月後）
災害査定	国がグループ補助金制度創設	義援金配分	市町村のまちづくり計画策定支援開始		県職員派遣		～5/11（発災 2 月後）
							～6/11（発災 3 月後）
							～7/11（発災 4 月後）
				仮設住宅完成	復興計画策定		～8/11（発災 5 月後）
					復興本部設置	復旧・復興	～9/11（発災 6 月後）
				仮設住宅入居完了・避難所閉鎖 住宅復興基本方針	初動，応急対策の検証		～2012/3/11（発災 1 年後）
				2012 年 6 月 災害公営住宅着工			それ以降

スケジュールの概要は表11のとおりである。

(2)　災害査定

制度等・実務の視点

多額の財源を要する復旧においては、国庫補助が非常に重要である。国庫補助事業を活用する場合、自治体からの国庫負担申請を受け、国が、被害の程度と復旧に用いる工法や費用の合理性を確認する「災害査定」を行う。通常は、所管省庁の査定官と財務省の立会官が同行して行われる。災害査定は、複数の被災地や分野を対象としているので、スケジュールがタイトである。査定する所管省庁主導で行われ、査定官の権限が強く裁量も大きい。

東日本大震災津波の際の岩手県の運用等

農林水産省や国土交通省等による災害査定は、二〇一一年の五月下旬から一二月下旬まで行われた。八月前半まではほぼ毎週、その後は概ね隔週という過密スケジュールであった。比較的被災が小さい内陸部から始まり、徐々に沿岸部に拡大・本格化した。被害が甚大で自治体の行政機関も被災していたり、増加し続ける業務に追われ、十分な準備もできないこと等から、提出書類の簡素化、積算不要な総合単価の利用、実地を要しない机上査定の拡大等、かなりの事務を簡素化し柔軟化するなどの配慮がなされた。件数、申請額及び査定額は過去最大であった。

7　初動の記録と検証等

制度等・実務の視点
「災害に備えるための措置を……過去の災害から得られた教訓を踏まえて絶えず改善を図る」（災対法二条の二第三号）には、記録と検証が不可欠である。未曽有の災害や対策が特殊であればあるほどそうである。現場が混乱する初動の際には、特に参考になる。記録と検証は、記憶が薄れないよう、そのフェーズ内で行うのが望ましいが、初動の際は、そもそも手が回らない上、記録にも検証にも一定の時間を要するため、実際には応急対策のフェーズで行われる。

東日本大震災津波の際の岩手県の運用等
初動では、情報通信機能の不全や停電による情報収集の困難さ、交通の遮断等による支援物資輸送の遅れなど多くの課題があった。岩手県は、十分な検証により地域防災計画を見直し、防災体制の強化及び充実を図ることを目的に、発災半年後の二〇一一年九月から作業を開始した。岩手県各部局、全市町村、防災関係機関にアンケートするとともにヒアリングし、住民にもアンケート調査を行い、岩手県防災会議幹事会各分科会で検証したうえで、外部有識者から助言を受け、翌年二月に「東日本大震災津波に係る災害対応検証報告書」を取りまとめた。これを地域防災計画の見直しに反映させている。

第六章　自治体災害対策各論（三）――復旧・復興

一　復旧・復興とは

本書では、災対法第六章（八七条〜九〇条）の復旧に、それと不可分な復興を加えて一体として捉え、「復旧・復興」とする。広辞苑によると、復旧とは「もと通りになること。もと通りにすること」、復興とは「ふたたびおこること。また、ふたたび盛んになること」とされている。復旧は「過去」である被災前の状態すなわち「原状」に「回復」させ「戻す」ことであり、施設等の機能を被災前どおり発揮できるようにすると同時に、生活を取り戻すことも含まれると解される。原状回復なので、あまり時間をかけずに行うべきである。一方、復興は、施設の復旧や被災者の援護により図られるもの（災対法二条の二第六号参照）であり、被災地の施設等と住民との有機的「関係」も視野に入れて「将来」に向け新たな地域社会を「構築」し、「再生」することと解される。復興は、「地域づくり」「まちづくり」そのものであるので、住民と十分に協議しながら進めなければならない。いきおい時間を要する。このように、「復旧」と「復興」は理念的には区別できるし、元に戻すだけの「復旧」にとどまらず、前向きなニュアンスを持つ「復興」という言葉を、自治体も国も積極的に用いる意図は理解できる。基本的には全ての災害においては「復旧」がなされ、大規模等災害の場合には、特に「復興」も求められる。しかし、実務では区分し難い。また、いろいろな取組みが並行して行われる。何よりもまず「安全で災害に強いこと」が求められよう。次いで「住みよさ」である。その上で、最終的には、復旧・復興とは、誰もが住みたいところに住め、自己を実現し幸福を追求し得る環境にすることである。

具体的な内容は、ハード面とソフト面に分けられる。ハード面の復旧・復興の中心は、「住宅」と「それ以外の施設」等の再建である。東日本大震災津波のように、大津波に街が飲み込まれると、「真っ白なキャンバスに画を描くような」原始状態、すなわち「ゼロ」からのスタートとなる部分が多くなる。ソフト面の復旧・復興の中心は、「被災者の生活の再建」である。被災者への直接の財政支援もあるが、重要なのは「生活の手段である生計確保」であり、「経済・産業の復旧・復興」である。また、人間は個人だけでは生存さえもままならず、社会が不可欠である。その基礎は、住居の近隣の一定範囲の「コミュニティー」であり、その再興や形成も重要である。

復旧・復興にも、緊急性と迅速性が求められるが、そのあり方は、当該地域の将来を決定し、半永久的に存続するものであり、相当の時間と労力を要する。実際には初動時や応急対策時に着手され、将来的にも続くものも少なくなかろう。したがって、復旧・復興は、「応急対策」が終了した後から始まるが、その終わりは、「復旧・復興とは何か？」という根本的な問いに関わり、明確化はなかなか難しい。復旧はまだしも、人口減少時代に直面している現在、復興には終わりがないようにも思われる。

制度等・実務の視点　災対法上、復旧も復興も定義されていない。ただし、東日本大震災復興基本法二条一号によると、復旧は「被害を受けた施設を原形に復旧すること等」と、復興は「単なる災害復旧にとどまらない……新たな地域社会の構築」と規定されている。

復旧は、その実施責任者である指定行政機関及び指定地方行政機関、自治体、指定公共機関及び指定地方公共機関等が行い（災対法八七条）、復興もそれに含まれると解される。災害復旧事業費の適正かつ速やかな決定等、中央防災会議への報告や負担金・補助金の早期交付等は、国にのみ義務付けられている（八八条～九〇条）。

災対法上、復旧に関する条文は八七条～九〇条の四条のみであり、実際の復旧・復興の多くは個別法に基づく。費用も、道路、河川、下水道等の公共土木施設については公共土木施設復旧国庫負担法に、農地や農林水産業用施設については農林水産施設復旧国庫補助法等に、公立学校施設復旧国庫負担法に基づき、国の負担・補助の対象となり、他の一定の都市施設は予算補助の対象となる。激甚災害の場合、激甚法により補助率や負担率の嵩上げや特別の助成措置がある。生活の再建は、生活再建支援法に基づいて行われる。

復旧・復興の多くは、ハード面のものが先行しよう。大規模等災害からの復旧・復興など広いエリア的すなわち面的な整備が必要な場合、土地の基盤整備が先行し、公用・公共施設の整備が進み、それと並行して、あるいはその後、民間も含めた具体的な建設工事が進む。

東日本大震災津波の際の岩手県の運用等

岩手県では、「安全」の確保、「暮らし」の再建、「なりわい」の再生を原則とする復興計画に基づいて、復旧・復興が進められている。ハード面では、住宅と公共施設や商業施設等の復旧・復興が中心であり、土地利用やデザインの方向性を定めることも伴う。ソフト面では、直接的には被災者の生活再建を支援する金銭の給付、生活の手段の確保、生活の糧となる雇用や起業に結びつく産業の復旧・復興である。

このように、復旧・復興は、今後の当該地域ひいては我が国の将来を大きく左右し、あるいは決定づけるほど重要である。発災後八年以上が経過した現在（二〇一九年七月末）でも完了していないように、時間を要する。じっくりと関係機関のみならず住民ひいては国民と十分に議論しながら進めるべきものであるが、目前の「暮らし」とも直結するため、迅速性も求められている。

二　復旧・復興における各対策

1　ハード面の復旧・復興（一）——まちづくり

(1)　まちづくり

制度等・実務の視点　災害の規模等にもよるが、「まちづくり」とは、必要に応じた規模での面的整備が中心となる。それにはまず、土地利用の方向性を定める必要があり、復旧・復興計画において検討されよう。実際には、財源を意識したものになると思われる。

東日本大震災津波の際の岩手県の運用等　被災した地域は、今後も津波の発生が予想されるが、高台には大量の土地を確保できない。面的整備を進めるにあたり、岩手県は、「都市再生型」「都市再建型」「集落移動型・集落内再編型」の三つの復興パターンを示し、それらを参考に被災市町村は、復興まちづくり計画を策定した。具体的には、被災市町村は、国や県と協議し、市街地は被災前と同じ位置で高度利用せざるを得ないため、嵩上げしたうえで市街地を一体的に整備する「区画整理」を中心とし（写真51、52）、それができない場合は住居を高台に集団的に移転させる「防集」を講じることとした（写真53）。いずれも、財源は補助金と復興交付金、震災復興特別交付税が充てられ、自治体の負担は基本的には生じない。

写真51　土砂を運んで盛土（嵩上げ）

（出典）岩手県公式アーカイブ／提供：東北大学災害科学国際研究所「みちのく震録伝」

写真52　区画整理

（出典）岩手県公式アーカイブ／提供：岩手県復興局復興推進課

写真53　防集

（出典）岩手県公式アーカイブ／提供：特定非営利活動法人陸前高田まちづくり協働センター

区画整理は、①市町村が都市計画決定・事業計画策定を行い、知事の事業認可を受け、②事業開始前の宅地に換えて仮に使用・収益できる「仮換地」の指定を行うか、その前でも地権者同意である「起工承諾」を得て造成し、③換地処分・清算を行う。発災から八年を経過した二〇一九年三月末時点で、事業対象となっているもののうち工事が完了したものは、地区数では七九パーセントで、区画数では九三パーセントであり、残りも全て事業が進められている。ただし、工事が完了しても、利用の見込みが立っていない土地も少なくないことが指摘されている。

防集は、①市町村が事業計画を策定し、国土交通大臣の同意を得て、②住宅団地の用地を取得・造成して分譲し、③移転者が土地を購入し住宅を建設して移転し、④市町村はもとの住宅のあった移転促進区域を建築基準法三九条に基づき条例で災害危険区域に指定し、その地域内の宅地を買い取る。防集の国庫負担の対象は用地の取得・造成、移転促進区域内の宅地の買取費用に加え、移転者の土地の購入・住宅の建築・移転への補助の費用にまで及び、非常に手厚い。二〇一九年三月末時点で、地区数及び区画数とも一〇〇パーセント完了した。ただし、移転者が住んでいた宅地は、小規模で点在しているため、取得した市町村は利用に苦慮している。集約するにも、地目や評価額が異なっていたり、法令の制限があって、他の土地との交換も困難な場合があるとのことである。

コラム⑫　真っ白いキャンバスなら自由に画が描けるのではなかったのか……

第二次世界大戦が終わり、高度経済成長を経て、津々浦々で相当の公共施設等が整備され、住宅や民間施設も多数建設されたが、同時に、都市計画の未熟さゆえの不具合も散見された。しかし、すでに相当の建物の集積がある状態では如何ともしがたい。現場からは、「ゼロから自由に都市計画を作れれば」という愚痴がよく聞かれた。東日本大震災津波は、津波が面的に地域を飲み込み、結果的に被災地域を相当程度「更地」にした。「真っ白いキャンバス」が創出されたとも言える。

それなら思うように新たな都市計画を策定でき、理想的な市街地を迅速に形成できるはずである。しかし、現実には、発災から八年が経過した二〇一九年七月末現在でも、岩手県の被災地でのまちづくりは完了していない。自由な発想ができる反面、むしろ考慮要素が多くなり、結果的に、調整が進まないどころか、何が理想的かもわからなくなっている場合もあるように思われる。「制約だらけで大変だ!」と愚痴を言いながらも、「商業地域で、こことあそこにまだ新しい商業施設があり、右には国道があるが、裏は狭くうねった道路があり……」という制約すなわち「前提条件」があるなかで工夫を凝らす方が、むしろ決断でき、利害関係者との調整が進むことも多いのかもしれない。

(2) 公用・公共施設の復旧等

制度等・実務の視点

災対法上、公用・公共施設も、法令の定めるところにより、復旧しなければならない(八七条参照)。道路等であれば公共土木施設復旧国庫負担法があり、被災が一定のレベルを超えれば、激甚法で補助等が嵩上げされる。実際の復旧は、国の「災害査定」を経て、そこで認められたものだけがその範囲で補助を受け行われる。

東日本大震災津波の際の岩手県の運用等

各個別法や各事業を活用して復旧・復興が進められている。市役所等の庁舎の復旧には補助制度はないが、原形復旧分には震災復興特別交付税が、それを超える部分は交付税措置率の高い被災施設復旧関連事業債が充てられている。陸前高田市はそれらの制度を活用して庁舎の整備を進めている。

(3) 交通機関の復旧

制度等・実務の視点

災対法に基づき、輸送や鉄道その他の交通機関のうち、全国的に事業を営む法人を内閣総理大臣が指定公共機関として、都道府県内で営む法人を知事が指定地方公共機関として指定する（二条五号・六号）。両者は災害対策の実施、自治体への協力や防災への寄与の責務を有し（六条）、復旧・復興を実施しなければならない（八七条）。鉄道の復旧であれば、鉄道軌道整備法八条四項に基づき、鉄道事業者自身が行わなければならないが、その資力のみによっては著しく困難な場合には、国と関係自治体による補助がある。

東日本大震災津波の際の岩手県の運用等

交通機関の復旧・復興は、地域の復旧・復興に深く関わる。岩手県では、鉄道も大きく損壊した（**写真54**）。JRについては、国土交通省が各線区ごとに復興調整会議を開催し、沿線自治体やJR東日本等と協議を重ねた。JR大船渡線では、被災した部分は、一般車両用の道路とは区切られた専用レーン等を設けてバスを運行させる「BRT（Bus Rapid Transit）」に移行し、二〇一三年三月から運行を開始した（**写真55、56**）。JR山田線では、BRTは受け入れられず、JR東日本が施設を復旧した上で二〇一九年三月に岩手県と県内市町村が出資する第三セクターの三陸鉄道に移管された。

三陸鉄道については、自治体が施設を復旧し、国と自治体で半額ずつ負担したが、自治体負担分は震災復興特別交付税により措置された。旧JR山田線の移管に伴い、三陸鉄道リアス線として三陸沿岸が一つのレールで繋がった。

写真54　損壊した鉄道

(出典)岩手県公式アーカイブ／提供：陸上自衛隊岩手駐屯地

写真55　BRTの運行

(出典)岩手県公式アーカイブ／提供：岩手県復興局まちづくり再生課

写真56　BRTの駅

(出典)同上

2　ハード面の復旧・復興(二)――住宅

制度等　被災者が持ち家を再建する場合、原則として自力で行われる。ただし、基盤整備が必要となるような大規模等の災害の場合、被災者が宅地を確保するには、1で説明した区画整理と防集等によることがある。住宅の建設は、3の生活再建支援や自治体の助成がある場合もある。防集による場合、市町村が住宅ローンの利子補給等を行うと国庫負担の対象になり得る。

災害公営住宅の建設と供与は、都道府県または市町村が行う（公営住宅法八条）。建設等にあたっては国の補助の特例（補助率二分の一→三分の二）などがある（同法八条、一〇条）。

実務の視点　住宅の再建等は応急対策のフェーズから行われるが、復旧・復興のフェーズが実務のピークとなろう。災害公営住宅の建設と供与等も、同様である。業務の流れは、仮設住宅の場合（第五章二1）とほぼ同様であるが、家賃の徴収等が加わる。災害公営住宅の管理運営は、災害対策終了後も続くので、被災市町村が行うべきである。したがって、建設も当該市町村が行うのが素直である。被害が甚大であり当該市町村の行政機関自体の被災やマンパワーの不足等の場合、大規模災害復興法に基づく都道府県による工事代行も可能である。

東日本大震災津波の際の岩手県の運用等　自力で高台に持ち家を再建する者も、防集等によって再建する者もいる（**写真57、58**）。災害公営住宅については（**写真59**）、広域的に被災者を受け入れ、より早期の建設が必要なところは岩手県が、地域コミュニティーを重視した小規模団地は被災市町村が建設した。ただし、被災市町村自身での建設が難しい場合もあり、大規模災害復興法による代行の他、県が建設して市町村に譲渡したものもある。二〇一九年三月末時点では、計画している戸数のうち九九パーセントが完成し、残りも全て建設が進められている。当初より懸念されていたように、実際の入居

写真 57　高台への移転

（出典）岩手県公式アーカイブ／提供：岩手県復興局まちづくり再生課

写真 58　防災集団移転

（出典）同上

写真 59　災害公営住宅

（出典）同上

世帯が減って、空き部屋が生じ、福祉施設の入居等による有効活用も図られている。宅地の造成も含め、ニーズ把握が不可欠ではあるが、災害が甚大で復旧・復興に時間を要するほど被災者の意向は移ろいやすい。どれほど丁寧に被災者の意向を把握しても、それほど状況は変わらないように思われる。「歩留まり」をどう設定するかがポイントになろう。また、基準以上の所得がある世帯については、被災者特例が終わる入居四年目以降から家賃が引き上げられる。建設費に応じて差が生じるため、被災自治体は、最も安い家賃水準を適用するなどの減免措置を講じている。

表 12　被災者生活再建支援金の概要

対象災害	適用世帯	再建方法	基　礎	加　算	合　計	その他
政令で定める以下の自然災害 ①　災害救助法施行令第1条1項1号または2号のいずれかに該当する被害が発生した市町村の区域 ②　10世帯以上の住宅全壊被害が発生した市町村の区域 ③　100世帯以上の住宅全壊被害が発生した都道府県の区域等に係る当該自然災害	全壊，解体，長期避難	建設・購入	100万円	200万円	300万円	1　単身世帯は複数世帯の3/4 2　基礎支援金は発災後13月以内，加算支援金は37月以内に申請
		補　修		100万円	200万円	
		賃　借		50万円	150万円	
	大規模半壊	建設・購入	50万円	200万円	250万円	
		補　修		100万円	150万円	
		賃　借		50万円	100万円	

3　ソフト面の復旧・復興――被災者生活再建支援

被災者の生活再建も、自力で行うのが基本である。それが可能な者に対しては、生活資金の低利な融資制度での対応が中心となる。返済能力がなく借入自体が難しい被災者には、一定額を給付する「被災者生活再建支援金」がある。見舞い金である災害弔慰金等は、発災直後にも支給され得るが、実際には生活再建にも用いられるので、ここで説明する。

(1)　被災者生活再建支援金の支給

制度等・実務の視点　生活再建支援法に基づき、都道府県は、政令で定める自然災害により被災世帯となった世帯主の申請を受け、被災者生活再建支援金を支給する（三条一項）。当該支援金は**表12**のとおりであり、住宅の被害程度に応じて支給する基礎支援金と、住宅の再建方法に応じて支給する加算支援金がある（同条二項）。当該業務のため、都道府県の拠出による被災者生活再建支援基金が設立されており（九条）、事務の全部を被災者生活再建支援法人に、一部を市町村に委託することができる（四条）。

表 13　災害弔慰金等の概要

<table>
<tr><th></th><th>対象災害</th><th>受給者等</th><th>受給額等</th></tr>
<tr><td>災害弔慰金</td><td rowspan="2">以下の自然災害
① 1市町村で住居が5世帯以上滅失した災害
② 都道府県内で住居が5世帯以上滅失した市町村が3以上ある災害
③ 都道府県内で災害救助法適用市町村が1以上ある災害
④ 災害救助法適用市町村を含む都道府県が2以上ある災害</td><td>遺族（配偶者，子，父母，孫，祖父母，死亡当時同居等していた兄弟姉妹）</td><td>生計維持者が死亡　500万円
それ以外の者が死亡　250万円</td></tr>
<tr><td>災害障害見舞金</td><td>両眼失明等重度の障害を受けた者</td><td>生計維持者　250万円
それ以外の者　125万円</td></tr>
<tr><td>災害援護資金</td><td>都道府県内で災害救助法適用市町村が1以上ある自然災害</td><td>負傷または住居，家財に被害を受けた者（所得制限あり）</td><td>350万円上限の貸付</td></tr>
</table>

東日本大震災津波の際の岩手県の運用等

岩手県は県内市町村と連携し、被災者生活再建支援金を受給した被災者が県内に自宅を建設等する場合は最大一〇〇万円を独自に補助する「被災者住宅再建支援事業」を実施している。

(2)　災害弔慰金の支給等

制度等・実務の視点

市町村は、災害弔慰金法及び条例に基づき、政令で定める災害により、死亡した住民の遺族に対し災害弔慰金を（三条）、負傷等し精神や身体に重度の障害を受けた住民に対し災害障害見舞金を（八条）支給できる。国が二分の一を、都道府県と市町村が四分の一ずつを負担する（七条、九条）。同法が適用されない災害における被災者の死亡についても、多くの自治体では、低額であるが独自の見舞金や弔慰金を支給する。また、負傷または住居等に被害を受けた住民に対し災害援護資金を貸し付けることができる（一〇条）。資金は、市町村には都道府県が、都道府県にはその三分の二を国が無利子で貸し付ける（一一条、一二条）。概要は**表13**のとおりである。

災害に直接起因するものではなく、それに伴う過労等による「災害関連死」も同法の対象となるが、その認定は困難である。訴訟に発展することも少なくない。

東日本大震災津波の際の岩手県の運用等　災害弔慰金の支給審査は困難であり、高度な専門性も要求されるため、被災市町村は、地方自治法二五二条の一四に基づき、岩手県に事務委託した。岩手県は、災害弔慰金等支給審査会を設置し、審査している。災害関連死について、盛岡地裁判決二〇一五年三月一三日など、訴訟に発展したものもある。

４　ハード面・ソフト面の復旧・復興――産業

制度等・実務の視点　事業活動の再開すなわち復旧・復興は、事業者の自己責任であり、ハード面もソフト面も直接の補助等ではなく、低利な融資が中心である。しかし、地域経済への影響は大きく、特に大規模等災害の際には、経営基盤の脆弱な農林水産業者や中小企業への支援が行われる場合がある。

東日本大震災津波の際の岩手県の運用等　東日本大震災津波における産業の復旧・復興の支援メニューは、多岐にわたり、これまでにない制度が整備され、運用されている。地域で設立した

写真 60　商業施設の整備

（出典）岩手県公式アーカイブ／提供：岩手県復興局復興推進課

写真 61　水産業施設の整備

（出典）岩手県公式アーカイブ／提供：岩手県復興局まちづくり再生課

写真 62　水産業の復旧・復興

（出典）岩手県公式アーカイブ／提供：宮古市

まちづくり会社が、被災事業者が入居する施設を整備する場合には、国が造成した基金から最大四分の三の補助を受ける商業施設等復興整備事業補助金がある（写真60）。グループ補助金も店舗や設備の復旧・整備に活用されている。漁船の取得や養殖施設の整備等の補助事業も整備された（写真61、62）。国・県・市町村、関係団体、金融機関等の連携により、相談体制も整えられ、個々の事業者に対しては実質無利子などの有利な融資メニューも用いられている。岩手県は産業復興支援メニューを示して周知を図り、それぞれの窓口に取り次ぐなどしている。

県外出身者等が、災害ボランティア等をきっかけに、その地で起業する場合があり、従来と異なる視点からの事業が展開されている地域もある。

産業の復旧・復興なくして、地域の真の復旧・復興はない。支援メニューも相当整備・運用されているが、産業の復旧・復興が予想より進んでいないところもあるように思われる。それは、産業の復旧・復興は、「起業」に近く、ハードルが高く、被災事業者が踏み切れないところもあるからではなかろうか。施設や設備だけではなく、資材の調達や販売ルート等も失っており、正に「ゼロ」からのスタートであり、従来の事業の継続や継承とは必要なエネルギーが格段に違うであろう。

5　応急対策の記録と検証等

制度等・実務の視点

第五章二7と同様に応急対策の記録と検証は重要である。

東日本大震災津波の際の岩手県の運用等

岩手県は、初動及び応急対策の全体について、発災二年後の二〇一三年三月に岩手県記録を取りまとめた。また、放射線影響対策や災害廃棄物処理など多くの部門ごとに、記録誌を取りまとめた。被災した多くの市町村も、記録誌を作成している。

第七章　自治体災害対策各論（四）――予防

一　予防とは

制度等・実務の視点

災対法四六条一項によると、予防とは「災害の発生又は拡大を未然に防止するために行うもの」である。その内容は、防災に関する組織の整備（一号）、教育及び訓練（二号）、物資の備蓄等（三号）、施設の整備等（四号）、相互応援の円滑な実施のための措置等（五号）、要配慮者の生命を保護するための措置等（六号）、その他（七号）である。これらは、初動や応急対策に支障がないよう、指定（地方）公共機関も含めた公助の主体が、確実な実施を義務付けられた「狭い災害予防」であると指摘されている。同法八条二項で、国や自治体が、努力義務が課せられている災害防止に関する科学的研究などの「広い災害予防」もある。災害対策法制の習熟も予防や備えと言えよう。これらは、随時行われ、特にスケジュールがあるわけではない。

東日本大震災津波の際の岩手県の運用等　岩手県は、「広い災害予防」も意識し、災害対策の検証と記録を通じ、他地域の災害対策から教訓を得、国の方針等を踏まえ、地域防災計画を見直したり、組織や施設等を整備している。

二　予防における各対策

1　防災組織の整備

制度等・実務の視点　災害対策の各主体は、災害を予測・予報し、または災害に関する情報を迅速に伝達するため必要な組織を整備し、絶えずその改善に努めなければならない(災対法四七条一項)。また、防災に関する組織を整備し、事務等に従事する職員の配置及び服務の基準を定めなければならない(同条二項)。具体的には、警報の伝達や非常体制の整備等である。全ては予想できないので、これまでの災害対策を踏まえて修正を重ねることになろう。

2　防災教育・防災訓練

制度等・実務の視点・東日本大震災津波の際の岩手県の運用等

各主体は、防災教育の実施に努めなければならず、それにあたって教育機関とその他の関係機関に協力を求めることができる（災対法四七条の二）。また、防災訓練も行わなければならず、実施にあたって住民その他関係団体に協力を求めることができる（同法四八条）。

東日本大震災津波を経て、岩手県は、定期的に自衛隊等と机上・図面上での訓練等を行っている。

3　物資の備蓄や防災に関する施設の整備等

制度等・実務の視点

各主体は、必要な物資及び資材を備蓄し、その管理に属する防災に関する施設及び設備を整備し、点検しなければならない（災対法四九条）。

4　円滑な相互応援等の実施のためにあらかじめ講ずべき措置

制度等・実務の視点・東日本大震災津波の際の岩手県の運用等

各主体は、初動、応急対策や復旧・復興の実施に際し、他の者の応援等を受けたり、逆に応援等を行う事態に備え、協定の締結等の必要な措置を講ずるよう努めなければならない（災対法四九条の二、四九条の三）。

岩手県は、東日本大震災津波の発災前より県トラック協会と緊急輸送の協定を締結する等、多くの分野で応援・協力体制を整備していたが、発災後はさらにその範囲を拡大させている。

5　指定緊急避難場所の指定等

制度等・実務の視点

市町村長は、災害時に避難のための立退きの確保を図るため、基準に適合する施設や場所を、指定緊急避難場所として指定しなければならない(災対法四九条の四)。また、被災者を必要な間滞在させる避難所を指定しなければならない(四九条の七)。「避難場所」や「避難所」には、相当なスペースが必要であり、市町村長は、公立の小中学校や体育館など公の施設等を指定することが多い。

コラム⑬　避難場所等の指定

「避難場所」や「避難所」に用いられる施設の管理者は重責を背負わされるが、防災の訓練を十分に施されているとは限らない。当該避難場所や避難所は不可欠であるのに、これでは指定に難色を示したり、拒むところが出てきても不思議ではない。

東日本大震災津波の際に、避難してきた住民二名と自宅に帰宅させた児童一名が犠牲となった東松島市立野蒜小学校事件では、同校の実際の管理者である校長の責任と、最終的には、同市及び同市教育委員会の責任が問題となったが、一審及び二審判決とも、住民二名を避難誘導しなかった責任は否定した。その二審判決が「住民らは、……自己の責任において適切と思われる避難行動をとることが可能……であるから、本件校長の……責務は、……指定された学校施設を、避難場所……として……使用上の問題がないことを確認して解錠、開放して、避難者の使用に供することが主要なものであり、……当該施設の管理者の地位にあることから当然に避難者らを誘導する義務まで負っていたと解することは相当ではない」としたのは、非常に参考になろう（**コラム①**も参照）。

6　要配慮者の生命を保護するためにあらかじめ講ずべき措置等

制度等　市町村長は、要配慮者のうち、災害時の避難のため特に支援を要する避難行動要支援者の名簿を作成しなければならない。その作成に必要な限度で、保有する情報を内部で目的外利用することができ、必要があれば、関係都道府県知事や市町村長に、要配慮者に関する情報の提供を求めることができる（災対法四九条の一〇）。

7　復旧・復興及び災害対策全体の記録と検証等

制度等・実務の視点

復旧・復興を加えた災害対策全体の記録と検証も、重要である。復旧・復興が完了してからの作業となる。

8　地域防災計画等の見直し

制度等・実務の視点・東日本大震災津波の際の岩手県の運用等

災対法上、地方防災会議すなわち自治体は、地域防災計画について毎年検討を加えることとされており（四〇条一項、四二条一項等）、その都度、見直すのが通常である。指定行政機関や指定公共機関が策定する防災業務計画も同様である（三六条一項、三九条一項）。一方、地区居住者等が市町村防災会議に提案する地区防災計画には、特に見直し規定はない。

これらの見直しは、制度改正に伴い、または当該自治体か近隣自治体の被災の教訓を素材に、予防の一環として行われることが多い。

岩手県では、岩手県地域防災計画を一九七三年に策定して以来、毎年改訂している。東日本大震災津波が発災した二〇一一年は二回改訂している。

9　法制度や計画の習熟

制度等・実務の視点・東日本大震災津波の際の岩手県の運用等

これまで見てきたように、災害対策は、「応用問題」が多く、制限時間がきわめて短いなかで総合力が問われる「実力テスト」のようなところがある。基礎が重要であり、前提である。自治体職員は、与えられている資源を効率的・効果的かつ柔軟に活用し、最適な解決をしていく必要がある。どんな災害が起きても、制度上の対応は即座にできるようにしておくことが理想的である。岩手県は、災害対策本部支援室に配属される職員や出先機関の防災担当職員等の階層ごとに、災害対策の制度や具体的な対応の内容・方法等についての研修等を実施している。

第八章　自治体災害対策各論（五）

――全フェーズに関係する業務

一　政府等への要望

制度等・実務の視点

被災の規模等によっては、災害対策に要する費用を被災自治体のみで負担したり、現行の法体系のみで対応するのは、困難であったり、著しく不合理で非効率な場合がある。その際、自治体は、国すなわち中央政府に、然るべき財源負担や国法の制定改廃を求めざるを得ない。中央政府への要望としては、請願法に基づく「請願」、地方自治法九九条に基づく自治体議会からの「意見」、国会に対しては国会法七九条に基づく「請願」等がある。全国知事会・市長会・町村会・都道府県議会議長会・市議会議長会・町村議会議長会の地方六団体などを通じて要望することもあろう。実際にはこれらによらず、内閣総理大臣や担当大臣あてに、当該自治体の長と議会議長から個別にあるいは連名で提出する方が一般的である。

国側が受け入れ、要望内容の実現可能性を高めるためにも、被災自治体は、その必要性を示さなければならない。それには、根拠とともに、具体的な内容や制度設計の案を添えることが望ましい。多くの場合、提出前に担当省庁との事務方同士で調整した上で、被災自治体選出の国会議員にも説明し、必要に応じ意見交換もしくは相談する。

東日本大震災津波の際の岩手県の運用等

岩手県からの政府要望は、発災した二〇一〇年度は三月だけであったが一二件、翌二〇一一年度は四九件と最も多く、復旧・復興が本格化した二〇一二年度は六件と激減した。二〇一三年度以降は、毎年一～八件である。実際には、事前に担当省庁と相当調整してから要望しており、かなり実現されている。

二　訪問や視察等への対応

1　皇室によるお見舞い

制度等・実務の視点・東日本大震災津波の際の岩手県の運用等

皇室の訪問は、被災地域にとって、災害対策に取り組む強い動機付けにつながり、意義は大きい。ただし、当日の警護等一つとっても、事前に相当の準備が必要になる。

発災二か月後の二〇一一年五月に天皇・皇后が釜石市及び宮古市の被災状況を確認され、避難所を見舞われた。その後も皇太子・同妃等のお見舞いがあり、岩手県知事と訪問先の市町村長が対応した。

2　政府・国会関係者の視察

制度等・実務の視点・東日本大震災津波の際の岩手県の運用等

制度の創設や改正、財政支援に関わる政府・国会関係者の視察は、被災の実情や現行制度等の不具合を直に見てもらう機会であり、被災自治体は積極的に取り組む。国会が開かれていないタイミングになるため週休日等の対応が多く、被災自治体の長を中心に多数の幹部で対応し、視察先の設定や調整を含む行程の確定、交通手段の確保や案内等に万全を期すことになる。また、各大臣、各省庁（場合によっては担当部署）、各党、各委員会、各国会議員等ごとに、繰り返されることも少なくない。

3　他自治体の職員や住民の視察

制度等・実務の視点・東日本大震災津波の際の岩手県の運用等

他自治体の職員や住民は、①災害廃棄物の広域処理の受入れなど被災地の応援の検討のための状況把握、②派遣した職員や送った物資等がどう活かされているかの確認、③自分の地域の被災に備えての参考など、多様な目的のため視察に訪れる場合がある。

発災した二〇一一年は、被災の規模等や被災自治体の災害対策の大変さを勘案したものと思われるが、視察の申し出はそれほど多くはなかった。申し出があっても、被災現場が危険であったり、被災自治体側の対応が困難なため、断らざるを得ない場合もあった。しかし、翌二〇一二年二月頃から、災害廃棄物の広域処理の本格的な検討が始まり、報道の熱気に呼応するように申し出が増え、年度が明けた四月頃から激増した。災害廃棄物処理のセクションでは、業務に支障が出たため、環境省が広告代理店に視察対応を委託してサポートした。これが非常に有効に機能した。

災害廃棄物の広域処理の受入れを進めようとする県外の自治体は、当該自治体の住民の理解と協力を得るため、バスを用意するなどして、当該住民に選別・分別施設などを視察させた。施設や作業を直に見ることで、当該住民の理解が進み、誤解を取り除くのに大きく役立った。それに加えて、放射線量の測定器で当該住民自らが計測したことによって、安全を確認でき安心につながり、きわめて有益であった。

一方で、現地での指示や注意に応じない視察者もおり、現場が混乱したこともあった。視察を受け入れる段階で注意事項を徹底するなどの対策が必要である。

三　マスコミ対応

制度等・実務の視点・東日本大震災津波の際の岩手県の運用等

災害対策においても、マスコミ対応は、全国への情報発信と同時に、多方面からの情報収集にもつながるので重要である。

岩手県は、災害対策本部会議を公開した。当初は知事も会見していたが、次第に質問が細部まで及ぶようになったため、担当幹部らによる記者への説明に移行した。

迅速性が求められていたり、多忙な際のマスコミ対応は、自治体職員の負担になることもある。災害対策が目に見えて進んだり、逆に問題などがあって進まない時期や部署は、マスコミの関心が集まり、取材が集中することはやむを得ない。大多数の報道各社や記者からは、被災自治体職員の負担が最小限になるような配慮が感じられたが、なかには、強硬に対応を求めるところもあった。双方の状況の理解が重要である。

四　情報提供と情報公開

1　情報提供

制度等・実務の視点

災害対策においては、いかなる段階でも、積極的な情報提供が重要かつ必要である。情報提供には、被災住民や地域などの「当事者」に対するものと、他地域ひいては全国あるいは全世界に向けてのものと二つに分けられよう。前者は、状況に応じ、避難所、被災した全戸、行政区等を単位に、文書の配布や回覧、掲示、説明会の開催などによって行われる。後者は、報道機関を介することが多いが、最近では、インターネットなどを利用して、容易に行われるようになった。

積極的かつ中立・客観的に情報提供しても、正確に伝わらない場合もある。しかし、定期的に、状況の変化があればその都度、積極的に行うべきである。情報提供自体、特に初動や応急対策時には、被災自治体にとって相当の負担にはなるが、情報不足の際の事後対応に比べれば、相当の省力化につながる。

東日本大震災津波の際の岩手県の運用等

初動段階では災害対策本部会議を報道機関に公開し、応急対策段階の二〇一一年七月からは「いわて復興だより」を発行・公開した。工夫を重ねても、情報提供を頻繁に行うと辟易されたり、説明会の時間に都合がつかなかったり、個別の説明でないと聞かないとする住民もいる。あらゆるニーズに対応することは難しいが、効果的な情報提供にしていく必要がある。

2　情報公開

制度等・実務の視点

自治体は、災害対策に関する行政文書についても、開示請求があれば、情報公開条例に基づき対応しなければならない。実際には、電話やメールでのやりとりや自治体の窓口での質疑応答から始まることが大半である。質問等が頻繁あるいは執拗になったり、大量の情報を求めたり、提供するのに判断を要する情報が求められると、自治体側は、相手側に情報公開手続に基づいて開示請求するように助言する。そこで終了することもあるし、開示請求に及ぶ場合もある。

東日本大震災津波の際の岩手県の運用等

応急対策から復旧・復興初期のフェーズの災害廃棄物の広域処理など、関心が高いもの、他の地域も関わるもの、利害に関するものについては、多くの開示請求があり、原則である開示に努めた。ただし、担当部署は、業務に忙殺されており、迅速な対応が難しい場合もあり、開示（非開示）決定の延長通知を発出するなどした。

コラム⑭　文書開示請求の濫用?

行政機関にとって文書開示請求への対応は、平時であっても、かなり骨が折れる。ましてや災害対策時、とりわけ業務が錯綜するなか迅速性も強く求められる初動や応急対策のフェーズはもちろん、復旧・復興のフェーズでも、煩わしいというのが偽らざる心境であろう。請求者が文書を明確に特定できないのは仕方ないとしても、「何を知りたいのかが曖昧」であったり、「請求が膨大」「細切れ」「問合わせが多過ぎる」などは困る。請求しながら、実際は閲覧等を行わない場合もある。そうなると徒労感だけが残り、非生産的だ。

岩手県の災害廃棄物の広域処理に関する文書開示請求への対応は、正にそのようなものであった。頻繁かつ詳細な質疑応答から、文書の写しの交付の請求に移行し、開示した情報をもとに「芋づる式」に請求が続いた。制度上、それは可能である。しかし、ただでさえ災害対策に忙殺されている時期であるのに、開示した内容について電話等による長時間の照会があった。その後、県外事務所での大量の行政文書の閲覧の請求があったため、段ボール数箱分の写しを用意したところ、閲覧日に来所はなく、連絡もないということもあった。開示の可否や箇所の検討、非開示箇所の一定の加工（黒塗り）、コピー、輸送などかなりの労力や費用を費やしている。これでは開示請求権の「濫用」ではなかろうか。

権利濫用が認められる場合は請求を認めないこともできようが、実際には、その判断は難しい。条例等で明文の規定がない場合には行政機関も躊躇するであろう。そもそも、請求者である住民ないし国民等にも当然節度が求められよう。

五　住民の参画

自助や共助において、住民は中心的な主体そのものである。公助による初動や応急対策は、被災者の生命・身体や財産等の保護に直結する。復旧・復興は、住民等の将来の生活に大きく影響を与えるとともに、半永久的にその地を決定づける「まちづくり」そのものである。多様な利害関係も生じる。予防にも、かなりのコストと労力をつぎ込まなければならない。したがって、災害対策全般に住民が参画できるのは当然である。

制度等　大規模災害復興法一〇条五項は、復興計画の策定の際には、市町村に公聴会の開催を義務付けており、制度的に住民参画が担保されている。また、東日本大震災復興基本法二条二号は、基本理念として「被災地域の住民の意向が尊重され、……多様な国民の意見が反映されるべきこと」としている。

実務の視点　たとえば復旧・復興計画にも、根拠やレベルによって、いろいろなものがあるが、いずれも非常に重要な計画である。制度的に定められていなくとも、被災地域あるいは被災自治体内各地で説明会が開催されるなど周知と意見聴取が行われる。仮設住宅や災害公営住宅の建設など住民の関心の高い事業についても同様である。

東日本大震災津波の際の岩手県の運用等

初動や応急対策時においては、苦情という形の場合もあったが、住民の参画は、相当程度、果たされていたように思われる。しかし、復旧・復興が本格化し、さらに生活が落ち着くと、関心も分散し、機会が設けられても、住民が自治体の行政機関に接することが減ったように思われる。

六　自治体災害対策をめぐる訴訟等

制度等・実務の視点

災害対策により、不利益を受けた場合等の救済手段として、行訴法に基づく行政事件訴訟としては、行政庁の公権力の行使に関する不服を申し立てる抗告訴訟（三条一項）や、選挙人たる資格等で違法な行為の是正を求める訴訟である民衆訴訟（五条）などがある（二条）。抗告訴訟のうち災害対策について実際に用いられるのは、自治体の災害対策の取消しを求める「取消訴訟」（三条二項）である。民衆訴訟としては、災害対策に伴う財政支出や会計処理が不合理な場合に損害賠償や不当利得返還を求める住民訴訟（地方自治法二四二条の二）がある。

行政事件訴訟以外にも、災害対策により生命・身体・財産を損なった者が、国賠法に基づき自治体や国に賠償請求できる国家賠償請求訴訟がある。民事訴訟や刑事訴訟に関わる場合もある。

自治体は、訴訟遂行にあたり、弁護士を訴訟代理人に指定するが、当事者としての主体的な対応が求められる。訴訟代理人の助言を得て十分協議しながらであるが、事実の確認や整理はもちろん、「どのような方針」で「どう主張・立証するか」の訴訟戦略の組み立てや、実際の答弁書及び準備書面などの作成にも、自ら全力で取り組む必要がある。

東日本大震災津波の際の岩手県の運用等　取消訴訟としては、災害弔慰金不支給決定処分取消等請求事件（盛岡地裁判決二〇一五年三月一三日）がある。発災九か月後に急性心筋梗塞等で死亡した者の遺族が、ある市長による災害弔慰金不支給決定処分は、東日本大震災津波と本件疾病との因果関係を否定した岩手県災害弔慰金等支給審査会の誤った判断を受けたものであるとして、その取消しを請求した。裁判所は、当該因果関係を認め、請求を認容した。

住民訴訟としては、違法公金支出損害賠償等請求事件（盛岡地裁判決二〇一五年四月一〇日）がある。数名の岩手県民が、岩手県が業者と締結した災害廃棄物処理事業施工監理委託契約（「本件支出負担行為」という）は談合による違法なものであり、委託業務の災害廃棄物の推計も杜撰で委託料を支払うべきではなく、その支出命令及び支出行為も違法であるとして、知事を被告として担当職員等に対する不法行為に基づく損害賠償請求と本件業者に対する不当利得返還請求を行った。裁判所は、本件支出負担行為は適法な監査請求を経ていない等として担当職員に対する請求を却下し、災害廃棄物の推計は不適切ではなく支出命令と支出行為は違法ではない等としてその他の請求を棄却した。

国家賠償請求訴訟としては、コラム①で採り挙げた東松島市立野蒜小学校事件（仙台地裁判決二〇一六年三月二四日、仙台高裁判決二〇一七年四月二七日、最高裁決定二〇一八年五月三〇日）がある。ⓐ同小学校体育館に避難した住民二名が津波で死亡したことには同校校長が校舎二階に避難誘導しなかった過失があるとして、ⓑ避難登校した児童が帰宅後に津波で死亡したことには同校校長が当該児童を災害時児童引取責任者ではない者に引き渡した過失があるとして、それぞれの遺族が東松島市に国家賠償を請求した。裁判所は、その時点の情報では同校体育館まで津波が到達することを具体的に予見できず当該避難誘導義務はないとしてⓐの請求を棄却したが、災害時児童引取責任者ではない者への児童引渡しには過失があるとしてⓑの請求を認容した。また、石巻市立大川小学校事件（仙台地裁判決二〇一六年一〇月二六日、仙台高裁判決二〇一八年四月二六日）もある。七〇名以上の児童が津波により死亡したことには教員等に安全な場所に避難させなかった過失があるなどとして、死亡した児童の父母が、宮城県及び石巻市に国家賠償を請求した。裁判所は、教員等が結果を回避すべき注意義務を怠ったとして、請求の一部を認容した。

第九章　東日本大震災津波特有の災害対策
――放射線影響対策

一　総　論

放射線は自然環境においても存在するが、一定の基準以上被ばくすれば、住民等の健康上重大な影響が懸念される。東日本大震災津波による福島第一原発の爆発事故に伴い、セシウムなど放射性物質が拡散したため、自治体も対策を講じる必要があった。

本来は原因者である東京電力が行うべき各種の測定、必要に応じた避難の支援、除染、風評被害による地場産品の買い控え等に対する一連の措置は、実際には国や自治体が行っている。当該対策に要する費用は、原則として同社が負うべきであるので、被災した自治体は、同社に対し賠償を請求している。

制度等　災対法上の「災害」には、「放射性物質の大量の放出」（同法施行令一条）により生ずる被害が含まれる（二条一号）。原子力災対特措法は、「原子力災害……対策の強化を図り、もって原子力災害から国民の生命、身体及び財産を保護することを目的と」し、災対法と「相まって」機能する（一条）。

具体的には、福島第一原発の爆発事故に限定して制定された放射性物質汚染対処特措法に基づき、対策が講じられている。その一義的な責任は、原因者である東京電力と（五条）、「これまで原子力政策を推進してきたことに伴う社会的な責任を負っている」国が有する（三条）。自治体は、「国の施策への協力を通じて、当該地域の自然的社会的条件に応じ、適切な役割を果たす」（四条）。しかし、自治体には放射線に関する知見とりわけ原子力発電についての知見は皆無に近く、対症療法的な対応が精一杯である。自治体は「協力」にとどまるはずであるが、実際には相当程度の調査測定や除染等を担っている。

実務の視点・東日本大震災津波の際の岩手県の運用等

表14のように、発災二か月後（二〇一一年五月）に、岩手県は、国のルールに従って、県内三地域（県北東部、県北西部、県南部）の牧草を採取して放射性物質検査を行った。その結果、滝沢村（現在は滝沢市）で、暫定許容値を超える放射性セシウムが検出された。岩手県は、当該市町村の一部に、牧草の利用自粛や放牧の見合わせを要請した。また、六月に、原発放射線影響対応本部を設置し（七月に知事を本部長とする原発放射線影響対策本部に格上げ）、「原発放射線影響対策の基本方針」を策定し、特に放射線の影響を受けやすいとされる子どもの健康と食の安全・安心の確保を重視していくこととした。また、同本部は、八月には「原子力発電所事故に伴う放射線量等測定に係る対応方針」を、九月に「放射線量低減に向けた取組方針」を、一〇月には「県産食材等の安全確保方針」を策定し、取組みを強化した。

表 14　岩手県の主な放射線影響対策のスケジュール

記録と検証	損害賠償請求	食材等の安全確認等	廃棄物処理，除染等	調査測定等	体　制	区分	日　付
				測定強化		初動	～ 2011/3/31・発災後半月
					影響対策本部設置，基本方針策定	応急対策	～ 2011/8/11・発災後５月
	ＪＡグループによる賠償請求 県・市町村による一次賠償請求	測定開始 安全確保方針策定	低減取組方針策定 重点調査地域指定	測定対応方針策定		復旧・復興	～ 2012/3/31・発災後１年
	二，三次賠償請求		除染実施計画策定				～ 2013/3/31・発災後２年
	四，五次賠償請求 一次ＡＤＲ申立て		奥州市，平泉町除染終了				～ 2014/3/31・発災後３年
年度ごとに報告書作成	六次賠償請求 一次和解						～ 2015/3/31・発災後４年
	七次賠償請求 二次ＡＤＲ申立て						～ 2016/3/31・発災後５年
	八次賠償請求		一関市除染終了				～ 2017/3/31・発災後６年
	九次賠償請求 二次和解						～ 2018/3/31・発災後７年
	一〇次賠償請求						～ 2019/3/31・発災後８年

コラム⑮　八、〇〇〇ベクレルは高度の汚染のイメージを与えているのではないか？

東日本大震災津波において、早い段階から放射性物質による影響の懸念が集まったものの一つは、災害廃棄物であった。環境省は、放射性物質濃度が災害廃棄物一キログラムあたり八、〇〇〇ベクレル以下であれば、最終処分場での埋立て作業に携わっても健康への影響はないとした。しかし、広域処理で災害廃棄物を引き受けようとしている自治体の住民は、非常に敏感に反応した。最終的には、一〇〇ベクレルが、事実上の受入れの「基準」となった。健康な成人の人体にも放射性物質は含まれており、計測すれば五〇〇ベクレルを超えるし、一〇〇ベクレル程度の放射性物質であれば、仮に飲み込んでも問題のないレベルとされている。災害廃棄物を飲み込むことは想定されないことから、きわめて厳しい基準である。

もちろん、放射線の影響は恐ろしい。人知にも限界があり、現時点での科学では無害とされていても、後に有害であると判明する可能性もある。用心に越したことはないのも事実だ。しかし、何とか処理しなければならなかった。その調和を図る上で、ベクレルという「単位」が独り歩きし過ぎてしまった感は否めない。「コンマいくつ」や一桁ぐらいの数値ならまだしも、「一〇〇」ましてや「八、〇〇〇」ベクレルでは、高度に汚染されているというイメージを持たせてしまったのではなかろうか。

放射線の測定が影響対策の出発点である。かねてより、国の委託事業として、都道府県は、対象とする空間の単位時間当たりの放射線量である空間線量率などを測定し、広く情報も公表してきた。東日本大震災津波以後は、

制度等・実務の視点・東日本大震災津波の際の岩手県の運用等

機器も順次整備している。岩手県も、自ら策定した「原子力発電所事故に伴う放射線量等測定に係る対応方針」に基づき、市町村等と協議しながら測定している。空間線量率は、福島第一原発事故のあった、二〇一一年三月から測定体制を強化し、現在は県内十か所で二四時間、五五地点で毎月測定し、結果を県公式ウェブサイトで公表している。

厚生労働省からの通知を受け、岩手県は、三月一九日より福島県からの避難者等に対する健康相談窓口を設置し、体表面汚染の測定を行った。幼児・児童は、放射線による影響の可能性が特に高いことから、同年一二月から翌年三月まで放射線健康影響調査を行い、尿のサンプリングなどの検査も行った。

岩手県で生産された食品については、国のガイドラインや岩手県の「県産食材等の安全確保方針」を受けて策定した「県産農林水産物の放射性物質濃度の検査計画」に基づいて、主要産地において試料を採取し、生産環境についても牧草・飼料作物や堆肥を採取して行うモニタリング検査を行っている。流

通食品については、食品衛生法二八条に基づき、食品関係施設から食品等を無償で持ち帰って実施する「収去検査」を行い、野生山菜・きのこの全市町村検査や野生鳥獣肉を計画的に検査している。

岩手県は、学校給食等の食材についても、完全給食を実施している県立学校に放射性物質濃度の測定機器を設置し、市町村には測定機器の購入を助成し測定体制整備を支援した。工業製品や加工食品については製造企業の依頼に基づき、空間線量率や放射性物質濃度を測定した。下水汚泥についても放射性物質濃度を測定した。放射性物質汚染対処特措法でモニタリングが義務付けられた廃棄物処理施設については、空間線量率の測定状況を確認した。

三　具体的な対策（二）

──緊急事態応急対策：避難とりわけ広域一時滞在

第四章二2で一括して説明したので、参照されたい。

四　具体的な対策（三）
——放射性物質に汚染された廃棄物の処理

制度等・実務の視点

実際の対策の中心は、放射線量の低減であり、その一つは放射性物質汚染対処特措法に基づく、事故由来放射性物質により汚染された廃棄物の処理（第四章第二節）である。環境大臣は、廃棄物が特別な管理を必要とするほど汚染のおそれがある汚染廃棄物対策地域を指定し（一一条）、対策地域内廃棄物処理計画を策定して（一三条）、当該地域内の廃棄物（対象地域内廃棄物）を国が処理する（一五条）。実際には、福島県大熊町や双葉町などである。当該地域以外でも、一定の地域の上下水道施設から生じた汚泥などや汚染があるとして指定申請された廃棄物で、事故由来放射性物質により汚染され放射性物質濃度が一キログラムあたり八、〇〇〇ベクレルを超え環境大臣が指定したもの（一七条・一八条、同法施行規則一四条。指定廃棄物）も国が処理する（一九条）。一定の廃棄物で当該基準以下のものは特定一般廃棄物または特定産業廃棄物とされ、それ以外は廃棄物処理法の処理基準等及びそれを厳格化したものに従って、市町村や排出事業者が処理する（二三条）。

東日本大震災津波の際の岩手県の運用等

岩手県では、県南地域を中心に、稲わら、牧草、堆肥、ほだ木などの農林業系副産物が放射性物質に汚染された廃棄物として発生した。二〇一九年三月現在で一一市町村は焼却処理が完了しているが、五市町村が継続している。重点調査地域に指定された一関市、奥州市及び平泉町では道路側溝汚泥の汚染が確認されており、一時保管が実施されている。

五　具体的な対策（四）――除染等

制度等・実務の視点

放射線量の低減のためのもう一つの対策は、放射性物質汚染対処特措法に基づく、放射性物質により汚染された土壌の除去（除染）等（第四章第三節）である。環境大臣は、除染等が必要な除染特別地域を指定し（二五条）、特別地域内除染実施計画を策定して（二八条）、国が実施する（三〇条）。実際には、福島県大熊町や双葉町などである。環境大臣は、空間線量率が毎時〇・二三マイクロシーベルト以上の地域を、重点的な調査測定が必要な「汚染状況重点調査地域」に指定し（三二条）、知事や市町村長は、そこでの調査測定を行う（三四条）。それに基づき、知事や市町村長が実際の除染の対象となる除染実施区域を含む除染実施計画を策定する（三六条）。除染は、土地等の管理区分に応じ国、都道府県及び市町村等が分担して行うが（三五条）、国による代行もある（四二条）。

東日本大震災津波の際の岩手県の運用等

二〇一一年九月に行われた航空機モニタリング調査などで、一関市、奥州市及び平泉町は、空間線量率が毎時〇・二三マイクロシーベルト以上の区域が確認され、一二月に重点調査地域に指定された。三市町では、除染実施計画を策定し、子供が長時間滞在する学校、保育園、公園やスポーツ施設を優先的に除染し、二〇一三年三月末までに完了した。その後の取組みの結果、除染実施計画に記載された除染は、奥州市及び平泉町は二〇一三年三月までに、一関市においても二〇一七年三月末までに終了している。ただし、除染土壌等については、二〇一九年三月現在、具体的処理方法が国から示されていないため、そのほとんどは現場で一時保管されている。

六　具体的な対策（五）
——食材の安全確認と風評被害対策

制度等・実務の視点・東日本大震災津波の際の岩手県の運用等

食材の安全確認と風評被害対策として、農林水産物で基準値を超えた品目について、出荷制限や販売者による自主回収を行った。出荷制限をした品目でも検査で安全性が確認された一八品目については、出荷制限が解除された。各種の情報発信等により県産農林水産物の安心・安全をＰＲするとともに、市町村や生産者団体が行う安全確保の取組みを支援している。

七　具体的な対策（六）
——費用の負担：損害賠償請求

制度等　原子力損害賠償法に基づき、原子力損害の賠償責任は原子力事業者が負うが、「異常に巨大な天災地変……によって生じたものであるときは、この限りでない」とされている（三条一項）。しかし、原子力災対特措法によると、放射線等が異常な水準で原子力事業所外へ放出されたこと（原子力緊急事態）による原子力災害（二条一号及び二号）の場合には、原子力事業者が措置等の責務を負い（三条）、当該災害対策の責務は国が負う（四条一項）。

実務の視点・東日本大震災津波の際の岩手県の運用等　岩手県、市町村、広域連合及び一部事務組合は、対策に要した人件費、除染経費や測定経費など一四五億円の損害が生じたとして、東京電力に対し、二〇一九年三月までに一〇次にわたる損害賠償請求を行ってきた。東京電力は、当該対策は「必要かつ合理的な範囲を超えている」あるいは「自治体の本来業務である」として、政府指示等に基づく対策に賠償対象を限定したため、賠償金の支払いは一部に留まっていた。二〇一四年一月に、岩手県は市町村等と協調して原子力損害賠償紛争解決センター（原発ADR）に和解仲介の申立てを行ったところ、二〇一一～二〇一二年度の損害分については二〇一五年一月に和解が成立した。

しかし、和解の対象となっていない二〇一三年度以降の損害賠償については、従前の方針のままの対応であったので、原発ADRに対し、二〇一六年三月に二回目の和解仲介申立てを行ったところ、二〇一三～二〇一四年度の損害分については二〇一八年一月に和解が成立した。支払合意額は、一二五億円である。

岩手県JAグループ、森林組合やJFグループ等も、牛肉の風評被害や汚染牧草の保管・処理費用等で損害が生じたとして、県協議会を設立し、東京電力に対し、二〇一九年三月までに、四八二億円を請求し、四七三億円の支払いを受けた。岩手県及び市町村等は、東京電力や国に対応を求めるなど支援を行っている。

第一〇章　自治体災害対策における政策法務

自治体災害対策の目的は、住民の生命・身体等の保護にとどまらず、安全・安心を前提に住民が住みたいところに住むことができ、そこで自己実現し幸福追求できる社会を構築・維持し、災害後はそのような社会を取り戻し、さらには発展させることである。

その目的を達成するには、制度や仕組み自体より、むしろそれらを十分に使いこなし最適な判断を下せる人材の配置こそが、重要であるのかもしれない。しかし、そのような「優秀な」人材には限りがある。とびきり優秀な職員が不足していても、組織として、「妥当」な災害対策が講じられるようでなくてはならない。それには、根拠となる適切な法が必要である。そもそも災害対策は、地域はもちろん、場合によっては国を挙げての一大事である。住民の権利義務にも大きく影響する。その意味でも、法によるコントロールが必要である。このように、自治体災害対策にとって重要なツールである災害対策法制やその運用を改良する余地は、まだまだありそうである。

本書の根幹にあるテーマの自治体政策法務とは、自治体が政策を実現するために、法令をうまく使いこなすことである。不足があれば条例を制定・改正したり、国に立法を求め促したり（立法法務）、条例を含む法令を柔軟に解釈し運用したり（運用法務）、訴訟等で正当な主張をし、自治体や国の請求を実現し、損害を最小限に食い止めるとともに、自らの活動を見直し改善したりする（争訟・評価法務）。そこで、この最終章では、自治体災害対策における政策法務に触れたい。

一　時系列的な災害対策法制の変容（一）
——阪神・淡路大震災前

自治体災害対策を、政策法務の視点から検討するには、災害対策法制の時系列的な変容と現在の議論の方向性を確認する必要がある。

災害対策法制の先駆けとして、国の補助金と税を積み立てて儲蓄金《ちょちくきん》を設け、非常災害時における農村困窮者へ生活必需品を支給し地租を補助・貸与する備荒儲蓄法が一八八〇年に、これを引き継ぐ罹災救助基金法が一八九九年に、現在に至る災害救助法が一九四七年に制定された。伊勢湾台風を契機に、各省庁ごとに行われていた災害対策全体の体系化を図り、総合性を与える基本法として災対法が一九六一年に制定され、以後改正を重ねている。災害弔慰金法など多数の関係法も制定改廃され、当該法制は量的にも質的にも豊かになった。一方で、その前提は、水害対策が中心で、しかも中小規模の災害が主たる対象であったと指摘されていた。

条例では、中間市災害救助条例など災害救助法が適用されない規模の災害をカバーするものが制定された。法律で定めていない領域に対応する独立条例である。

二　時系列的な災害対策法制の変容（二）
——阪神・淡路大震災を踏まえて

一九九五年一月に発生した阪神・淡路大震災は、都市型の巨大災害であり、住宅の倒壊やライフラインの寸断、交通システムの麻痺などの甚大な被害が生じた。このときは、行政だけでは対応しきれず、災害ボランティアが活躍した。

巨大災害が、大都市にも起こり得ると広く認識されたことに伴い、同年六月に災対法が改正され、都道府県公安委員会における災害時の交通規制措置の拡充、車両運転手の義務、警察官等による緊急通行車両の通行の確保のための措置が定められた。同法は、同年一二月にも改正され、非常災害時の内閣総理大臣を長とする緊急災害対策本部の設置等、国及び自治体の自主防災組織の育成、ボランティアによる防災活動の環境整備、高齢者・障害者等への配慮、自治体相互間の協定締結等が定められた。これにより、多くの主体の参画と連携が求められるようになった。他にも、災害の種類に応じた対策を講じる地震対策特措法や南海トラフ地震対策特措法、被災者支援を充実させる生活再建支援法の制定などが行われた。

条例では、荒川区災対条例などのように、自助や共助が災害対策の基本であることや災害ボランティアを明確化する災害対策基本条例が多くの自治体で制定された。

三　時系列的な災害対策法制の変容（二）
——分権改革を踏まえて

分権改革とは、権力を中央政府に集中させ、そこで多くのことを完結的に決定し、それに基づき、自治体をもコントロールする「中央集権」をやめることである。すなわち、地域のことは地域で、より住民に身近な自治体が、その特性や事情に沿った最適な形で、自分たちの責任で判断し実行できる（自治体における自己責任、自己決定）仕組みに変える。地方自治の本旨（憲法九二条）の拡充とも言えよう。「災害対応の場面こそ地方自治の本旨を実現すべき機会」だと言われることがある。従来から、災害対策法制では、災害対策の一次責任の所在は市町村であり、それを都道府県が、次いで国が補完する形が採られている。その意味では、災害対策法制は、もともと分権的といえる。一方で、災害対策には、国防と共通する部分も多く、随所に中央集権的な色彩も残している。たとえば、地域防災計画の策定は、自治体の自由度が高い「自治事務」であるのに災対法で義務付けられているし、その国への報告や公表までもそうである。また、同計画は、国の出先機関等である指定行政機関が策定する防災業務計画に反することはできない。

1　第一次分権改革

分権改革の動きが鮮明かつ急進的に結実したのは、一九九九年に制定された分権一括法に象徴される「第一次分権改革」である。最大の成果は、国とは独立した団体である自治体の長であり公選された知事や市町村長を国の機関とし、国のコントロール下で国の事務を実施させていた「機関委任事務」の撤廃である。

災害対策法制においても、以下のように、自治体に対しては国の、市町村に対しては都道府県の関与を減らした。災対法では、地方防災会議に対する中央防災会議の指示や市町村防災会議に対する都道府県防災会議の指示が廃止された（一三条、二二条）。市町村防災会議を設置しない場合に必要であった知事の「承認」が「協議」に改められた（一六条）。内閣総理大臣による都道府県防災会議の協議会の設置に係る規定及び知事による市町村防災会議の協議会の設置に係る規定が削除された。

一方で、同法で定められている自治体の事務は、全て自治事務であるにもかかわらず、地域防災計画の策定（四〇条、四二条）など義務付けが残っているものも少なくない。

また、災害救助法による救助は、法定受託事務（地方自治法別表第一）として知事が行うが（二条）、その一部を市町村長に委任して行わせることができることとされた（三〇条（現一三条））。

2　第二次分権改革

第一次分権改革は「未完」とされている。現在は、「積み残した宿題」である、法令で自治体に事務を義務付けたり、その裁量を制限する「義務付け・枠付け」を緩和し、自治体の権限を拡充させようとする「第二次分権改革」が進められている。その成果としては、二〇一一年以降制定されている第一次～八次一括法が挙げられる。一部ではあるが、自治事務の義務付けを廃止し、法令を運用する際に準拠する法定基準を自治体が条例で補正できるようになり、国の事務を自治体に、都道府県の事務を市町村に移譲した。

第一次一括法により、都道府県地域防災計画修正等の際の都道府県防災会議から内閣総理大臣への「協議」が事後「報告」に改められたが、内閣総理大臣は中央防災会議の意見を聴き、必要に応じて当該都道府県防災会議に助言または勧告ができる（災対法四〇条）。第二次一括法（二〇一一年）により、市町村防災会議を設置しない場合の市町村からの知事への「協議」が事後「報告」に改められたが、知事は都道府県防災会議の意見を聴き、必要に応じて当該市町村に助言または勧告ができる（同法一六条）。第六次一括法（二〇一六年）により、港湾・漁港管理者である自治体に災害時における放置車両の移動等の権限が付与された（同法七六条の六）。第八次一括法（二〇一八年）により、被災都道府県から応援の求めを受けた他の都道府県知事が、区域内の市町村に被災市町村への応援を求めることができるようになり（同法七四条の二）、災害援護資金の貸付利率を従来の年三パーセント以内で市町村が条例で設定できるようになった（災害弔慰金法一〇条）。

四　時系列的な災害対策法制の変容（四）
――東日本大震災津波を踏まえて

東日本大震災津波により、沿岸部が中心であるが非常に広域的に被災し、多数の死傷者や行方不明者が生じた。その規模等においても、大津波のほか放射性物質の影響等の「幅広さ」においても、災害対策のキーステーションである「市町村行政機関が壊滅的なところも生じたこと」においても、未曽有の災害であり、災害対策法制の限界を期せずして露呈した。それを教訓に広く見直しが行われているが、きわめて多岐にわたる。主要な法整備のみ概観する。

1　二〇一二年災対法改正

(1)　大規模広域な災害に対する即応力の強化

市町村が被害状況を報告できなくなった場合には、都道府県が自ら情報収集等を行う等、発災時における情報の収集・伝達・共有が強化された。自治体間の応援について、都道府県や国による調整規定が拡充・新設され、応援の対象業務も拡大した。自治体間の相互応援等を円滑化するため、地域防災計画等においてあらかじめ必要な措置を講ずることとされた。

(2)　大規模広域な災害時における被災者対応の改善

救援物資等について、市町村は都道府県に供給を要請でき、状況によっては、都道府県はその要請を待たず自らの判断で供給できる仕組みが創設された。市町村や都道府県の区域を越える広域で被災住民の避難と受入れが円滑に行われるよう、都道府県や国による調整を含めた手続が創設された。

(3)　教訓伝承、防災教育の強化や多様な主体の参画による地域の防災力の向上

住民は、災害教訓の伝承に努め、民間事業者も含めた各防災機関は、防災教育に努めることとされた。地方防災会議の委員に自主防災組織の構成員等を追加し、地域防災計画の策定へ多様な主体が参画できるようにした。

2　二〇一三年災対法改正

(1)　大規模広域な災害に対する即応力の強化

災害緊急事態の布告があったときは、内閣総理大臣の指揮監督の下、政府が一体となって対処するとされた。災害により自治体の機能が著しく低下した場合、国が応急対策を応援したり、代行する仕組み

が創設された。臨時に避難所として使用する施設の構造などについて、平常時の規制の適用除外措置が講じられた。

(2)　住民等の円滑かつ安全な避難の確保

市町村長は、一定期間滞在する避難所と区別して、緊急時の避難場所をあらかじめ指定することとされた。また、高齢者等の避難に特に配慮を要する者の名簿を作成し、本人からの同意を得て消防等にあらかじめ情報提供することとされた。

(3)　被災者保護対策の改善

市町村長は、避難所として、一定の生活環境等を確保できる施設をあらかじめ指定することとされた。市町村長は、罹災証明書の交付が義務付けられ、支援状況等の情報を一元的に集約した被災者台帳を作成できるとされた。

(4)　平素からの防災への取組みの強化

「減災」の考え方等、災害対策の基本理念が明確化された。国及び自治体と民間事業者との協定締結やボランティアとの連携が促進された。市町村の居住者等が、地区防災計画を提案できることとされた。

3　その他の法律

東日本大震災津波の災害対策を踏まえた津波対策推進法や大規模災害復興法などが制定されている。

4 条例

災害対策基本条例に加え、災害緊急事態の布告があったときは通常事務を休止できる等の箕面市特別対応条例などが制定されている。被災していない自治体が被災地を支援する大井町東日本大震災被災地支援条例（二〇一一年度限りの時限条例）、活断層直上の建築を規制する徳島県震災に強い社会づくり条例などの例がある。

五　時系列的な災害対策法制の変容（五）
――東日本大震災津波以後

二〇一四年の豪雪を経て、同年の災対法の改正で、緊急通行車両の通行の妨害となる放置車両を道路管理者が移動等をさせ（七六条の六）、都道府県知事や市町村長が道路啓開のための必要な指示ができる（七六条の七）ようになった。多発する浸水被害や二〇一四年の御嶽山の噴火を経るとともに、二〇一五年に個別法が改正されたのを受けて、所要の整備が行われている。

六　時系列的な災害対策法制の変容――総括

災害対策法制とりわけ災対法は、かねてより中小規模災害を対象としていると指摘されていた。発災前の備えや発災後の現実の対応に要するコスト等を勘案すれば、発災の確率や平均的な規模等を想定するのは当然である。しかし、阪神・淡路大震災では、巨大地震が大都市で発生したことから、その後は、規模等を意識した見直しがなされた。東日本大震災津波以後は、その流れが強まったと同時に、多様な災害に対応できる法制が志向されている。

災害対策は被災地で講じられるので、その主体は、地域に密着し機動性の高い自治体とりわけ市町村が中心にならざるを得ない。災害対策法制は、その一次的責任者を市町村（長）としている。国内の他の法制に先んじて、かなり分権的であったと言えよう。現在は、そこからさらに、地方自治に根ざした民主的法制へシフトしていると指摘されている。また、公助には限界があるし、多くの主体の参画が有効かつ必要であるので、自助・共助やボランティアの位置付けの明確化も行われている。もともと、災害対策法制は、集権的な緊急事態法制という面を持つ。規模等によっては、国を挙げて行う最重要課題になるので、「縦型」の要素も少なくない。しかし、中央集権というより、補完の強化という方向であると思われる。キーステーションである市町村行政機関も大きく被災し壊滅することさえあり得るので、大規模等災害の際の国や都道府県の役割を強化してきた。また、他自治体との連携も注目されている。

個別領域ごとの組織法制やその時々の状況を踏まえた立法が積み重ねられてきたが、危機管理・災害対策法制は、対症療法的制度の寄せ集めから、予防を含めたより総合性・計画性の高いものへと変化し、災害救助法制は恩恵的・治安上の措置から権利保障としての給付へと性格が変化していると指摘されている。

いずれも、これまでの経験を分析し検討されているものであり、それぞれの論点への対応としては、一応は理解できる。また、災害対策とりわけ初動や応急対策では、臨機応変さと迅速さが要請されるが、それには、現場の裁量や各対策の一定の独立性が重要である。しかし、同時に災害対策は、「総合的」かつ「計画的」でなければならない。それらを両立させるには、災害対策を貫く「核心」や「原理」が必要であるのに、それが今一つ明確でないように思われる。それらは各フェーズにおいても同様である。

災害救助条例、活断層直上建築規制条例や被災地支援条例など、さまざまな自治体で制定・改正されている条例は、法律で規定していない部分を自らの負担でカバーするもの、他の法令に抵触の疑いのないものが多い。これは、災害対策は自治体だけでは完結できない場合が多く、国と連携し、法の隙間を減らし、財源負担の問題も生じないようにする意識が働いているためと思われる。

七　自治体災害対策における政策法務の今後の方向性

1　運用法務

日本は災害列島である。数多くの災害を経験してきたために、かなりの法令が制定・改正され、災害対策法制は質・量ともに充実している。災害は国内のどこでも起こり得るとともに、被害も広域的あるいは甚大であったり、莫大な費用を要することから、被災した自治体だけで災害対策を完結できない場合もあり、国法の整備が中心である。また、災害対策は緊急を要し、制定や改正などの立法を待っていられない場合が多い。災害の内容や規模等によって災害対策は異なるので、あらかじめ全てをカバーする法制は用意できない。これらの点は、条例においても同様である。したがって、自治体災害対策における政策法務も、他の自治体事務と同様に、自治体が法令とりわけ国法を自主解釈し（地方自治法二条一二項）、状況や地域特性に適合するよう柔軟に運用するという「運用法務」が中心となる。

(1)　自治体災害対策の最終的な目的等を踏まえた運用

自治体災害対策は、住民の生命や生活、地域の将来等に直結し、それらを大きく左右するきわめて重要なものである。漏れや遅れがあってはならない。また、後に続く災害対策への影響等も大きいため、チグハグさや矛盾もあってはならない。一方で、災害対策法制の変遷で見たように、多様な災害に、多くの主体が参画するようになり、高いクオリティーで対応しようとするため、それぞれの主体やその内部機関及び部署が、それぞれに自分の領域だけに専念し、バラバラに取り組む懸念がある。それでは、災害対策が相互に競合したり、支障になるなどの事態に陥りかねない。

しかし、災害対策は、「総合的に」行われなければならない（災対法一条参照）。それには、個々の災害対策の全体における位置付けを把握しながら、全ての災害対策が収斂する、最終的な目的を意識して法令を運用することが重要である。災害対策の最終的な目的は、憲法一三条及び二五条を実現すべく立法されたと解される災対法の目的（一条）と基本理念（二条の二）であろう。具体的には、「住民ひいては国民の生命・身体及び財産の保護」を前提に、「安全・安心のもとに住みたいところに住むことができ、そこで自己実現でき幸福追求できる災害に耐えうる社会を維持・改善し、災害があってもそのような社会を蘇らせ繁栄させること」と思われる。

そのうえで、フェーズを単位に、その目的を意識した運用が必要である。初動は、とにかく生命・身体等の保護が最優先され、そのためにも極限までスピードが求められる。応急対策は、復旧・復興までの「つなぎ」であり、そこへスムーズに移行し、少なくともその支障にならない運用が必要である。応急対策も本格化してくれば、いろいろな利害関係も生じ、広がり、対立が生じ得るので、利害を調整できなくてはならない。復旧・復興は災害対策の出口であり、最終的な目的の達成が必要であるし、応急対策より利害調整も求められる。予防は、防災や減災に加え、災害対策を講じなければならない時にスムーズかつ効果的に進められるよう準備されていなければならない。

このように、各フェーズ間に、ボーダー（境界）やシーム（縫い目）はないと思われる。そのフェーズでの災害対策が、次のフェーズの災害対策につながるようにしなければならず、災害対策法制の運用も、それに資するようでなくてはならない。

(2)　災害対策法制の体系的な解釈が必要

災害対策全体の最終目的を見据え、次のフェーズ等にスムーズに移行できるよう、多様な利害などを調整しながら総合的に災害対策を進め、制度を使いこなすには、災害対策法制の体系的な解釈が必要となろう。その「体系」とは、理論的な整合性や美しさという意味ではなく、望ましい災害対策を効果的・効率的に実現するための実質的なものである。

(3)　災害対策の財源負担を勘案しながらの運用

国が最終的に財源を負担する災害対策の場合、関係法令の自治体の自主解釈が国と異なると、その解釈に基づく災害対策に要する費用は、それを講じた自治体の負担となりかねない。すなわち、当該運用により講じられる災害対策に要する費用を自ら負担できるかどうか、するかどうかの勘案が重要である。自ら負担するのであれば独自の判断で可能だが、そうでないのであれば、国や都道府県など負担する主体の納得を得られるものでなければならない。

その時点では、納得が得られなくとも、解釈の必然性を固めながら運用すれば、後になって財源措置がなされることもあろう。

⑷　運用事例の共有など

第三章三3で見たように、自治体が災害対策法制を柔軟に運用するには、そのような経験の蓄積等が必要であるが、それは必ずしも十分でない。その状況を補うため、自治体は、他自治体の災害対策法制の運用に学ぶことが有効である。全国の自治体の運用例を共有できれば望ましい。

2　立法法務

自治体災害対策では運用法務が中心とはいえ、それでは対応できなかったり、不十分である場合、立法法務が必要になる。自治体政策法務では、立法法務として、条例の制定や改正による対応が注目されるが、国法の制定や改正の提案による対応もこれに含めることができよう。

⑴　国法の制定や改正を制度設計した上で提案

災害対策に要する費用の負担を勘案すれば、国法の制定や改正による対応が望ましい。関係法令との抵触の問題も生じまい。その際に、国に全てを任せるのではなく、自治体が制度設計し、制定や改正を望む法案までを具体的に示して議論が行われるなら非常に有意義である。

発災から二年が経過した二〇一三年になっても、岩手県では、所有者不明の土地が多く収用が進まないため復旧事業が遅れていた。同県は、岩手弁護士会と共同研究し、収用手続を迅速化し復旧事業の着工を早める制度設計をした上で、同年一一月に土地収用法の特別措置法の制定と東日本大震災復興特区法の一部改正を政府に提案し要望した。最終的には議員立法により、当初の提案どおりの内容ではなかったが、東日本大震災復興特区法の一部改正が実現し、早期の着工等が可能となった。この取組みにより、同県は、実際に直面するニーズを国と共有できた。また、内容を深く理解しているため、法改正後、すぐ柔軟に運用できている。仮に、法改正が実現できていなくとも、そこでの作業や議論は、該当する法令の柔軟な運用や、条例等で対応する際にも大いに役立ったものと思われる。

提案等の方法としては、従来から行われている関係省庁との随時の協議・要望や、第二次分権改革に伴い、二〇一四年から行われている提案募集制度の利用などが考えられる。

⑵　条例の制定や改正

国が法令の制定や改正をしない、自治体がそれを待てない、自らの財源負担が可能、特段の財源負担を要しないなどの場合、自治体が条例を制定や改正して対応することが考えられる。

条例の制定や改正にあたっては、目的と手段の均衡を要請する比例原則や不合理な差別を行わない平等原則などの法の一般原則への適合は当然の前提である。実際に問題になるのは、法令との抵触関係であり、条例が「法律の範囲内」か（憲法九四条）、「法令に違反しない」か（地方自治法一四条）である。徳島市公安条例事件最高裁判決（一九七五年九月一〇日）によると、法令と条例の①対象が重複しないか、②目的や趣旨が同一あるいは法令が条例を放置する趣旨か、③法令の内容や効果が全国一律規制か、条例により法令の目的や効果を阻害するかで判断される。

これまで見た条例では、中間市災害救助条例は、災害救助法の適用の範囲外をカバーするものであるが（一条）、同法はそれを禁じておらず、要する財源も同市が負担するので適法である。荒川区災対条例は、区民等に求める自助・共助は努力義務であるので適法である。箕面市特別対応条例は、特別対応を宣言する事態では、通常業務より災害対策を優先させるとしているが（四条）、それは当然であり適法である。同条例は、三条で「条例の規定は、……法令の規定の適用を妨げない範囲内で……適用される」と規定しており、法令との抵触はない。大井町東日本大震災被災地支援条例は、被災者への生活物資を「予算の範囲内において無償で提供する」等としており（三条）、適法である。徳島県震災に強い社会づくり条例は、活断層直上に学校等の特定施設の新築などの回避を求めている（五六条）。建築物の安全性を確保する建築基準法と対象や目的は重複するが、同法は最低限の規制を行う趣旨であり（一条）、適法である。ただし、同条例では特定活断層調査区域において、特定施設を新築しようとする者に、特定活断層に関する調査報告書の提出を求めており（五六条四項）、調査の内容や負担との均衡は問題になるようにも思われる。

以上のように、「要する財源を制定した自治体で負担する」、「現行法の運用でも可能である」、「住民等に義務を課さない」、「法令で禁じられていないレベルでおさまる」条例であれば適法である。その場合、当該条例の実効性をどこまで確保できるかは問題となろう。

3　争訟・評価法務

自治体災害対策においても、争訟・評価法務は、自治体の注意義務等の確認や法制とその運用の改善点を発見する機会として有効である。災害対策法制は、災害を経験して成長すると言われるが、運用においても同様である。発災や災害対策を講じた経験がないとわからないことがたくさんある。

災害対策を行った自治体は、訴訟ではその立場や責任、具体的な災害対策の合理性などを主張・立証し、第三者機関である裁判所がその適法性を判断する。検証では、専門家や住民を入れて、本来何をどう行うべきであったかを分析・探求する。これらの作業や議論を通じて、自治体が災害対策で本来負うべき注意義務の程度の確認などが行われる。先に見た野蒜小学校事件の一審・二審判決を通じ、避難場所に指定された施設の管理者の本来の責務は、当該施設を避難場所として供与することであり、津波の到来を具体的に予測できなければ、避難者を誘導する法的義務はないことが確認された。

岩手県は、初動や応急対策の検証により把握した課題や改善の方向性を、岩手県地域防災計画の見直しなどに反映させている。国も災害対策の実施を踏まえて、必要に応じ災対法の改正などを行っている。自治体も自地域や他地域の災害対策を踏まえ、条例の制定や改正を行っている。

主な参考文献

かなり専門的なものも掲載するが是非チャレンジしていただきたい。

阿部泰隆『大震災の法と政策――阪神・淡路大震災に学ぶ政策法学』(日本評論社・一九九五年)
生田長人『防災法』(信山社・二〇一三年)
同「防災法制度の構造的課題と展望」日本不動産学会誌二九巻四号(二〇一六年)四一頁以下
同(編)『防災の法と仕組み』(東信堂・二〇一〇年)
板垣勝彦「災害公営住宅と被災者の生活復興――過去の大規模災害から学ぶ法政策」同『住宅市場と行政法――耐震偽装、まちづくり、住宅セーフティネットと法』(第一法規・二〇一七年)三四二頁以下
今井實「災害対策基本法について(一)」自治研究三七巻一二号(一九六一年)八七頁以下
岩手県『東日本大震災津波に係る災害対応検証報告書』(岩手県公式ウェブサイト・二〇一二年)
同『岩手県東日本大震災津波の記録』(岩手県公式ウェブサイト・二〇一三年)
同『岩手県放射線影響対策報告書』(岩手県公式ウェブサイト・二〇一四〜二〇一九年)」

同『主な取組の進捗状況・いわて復興インデックス（平成三〇年九月三〇日現在）』、『同（平成三一年三月三一日現在）』（岩手県公式ウェブサイト・二〇一八、二〇一九年）
同『東日本大震災津波により発生した災害廃棄物の岩手県における処理の記録』（岩手県公式ウェブサイト・二〇一五年）
同『いわて復興の歩み　二〇一一・三―二〇一八・三　東日本大震災津波からの復興の記録』、『同二〇一一・三―二〇一九・三　同』（岩手県公式ウェブサイト・二〇一八、二〇一九年）
岩手県県土整備部建築住宅課『東日本大震災津波対応の活動記録――岩手県における被災者の住宅確保等のための五か月間の取組み』（岩手県公式ウェブサイト・二〇一一年）
岩手県農林水産部『希望郷いわて農業・農村復興への歩み――三・一一東日本大震災津波から三年』（岩手県公式ウェブサイト・二〇一四年）
岩手県農林水産部森林保全課『三・一一　記憶、そして未来へ～　東日本大震災　林道の被害と復旧の記録』（岩手県公式ウェブサイト・二〇一三年）
宇賀克也「防災と法」吉川弘之（代表）『防災』（東京大学出版会・一九九六年）二四七頁以下
大浜啓吉（編著）『都市復興の法と財政』（勁草書房・一九九七年）
大船渡市『大船渡市　東日本大震災記録誌』（大船渡市公式ウェブサイト・二〇一五年）
大水敏弘『実証・仮設住宅　東日本大震災の現場から』（学芸出版社・二〇一三年）

大脇成昭「大規模災害時に生じる行政活動の『空白』――熊本地震に見るその正体と対策」法学教室四三三号（二〇一七年）五九頁以下
同「災害に対峙する法律学の貢献可能性」法学セミナー七四九号（二〇一六年）三〇頁以下
岡本正『災害復興法学』（慶應義塾大学出版会・二〇一四年）
岡本全勝（編著）『東日本大震災　復興が日本を変える――行政・企業・NPOの未来のかたち』（ぎょうせい・二〇一六年）
小原隆治＝稲継裕昭（編）『震災後の自治体ガバナンス』（東洋経済新報社・二〇一五年）
片桐直人「財政・会計・予算――財政法の基礎を巡る一考察」法律時報八八巻九号（二〇一六年）四頁以下
河原れん『ナインデイズ　岩手県災害対策本部の闘い』（幻冬舎・二〇一二年）
環境法政策学会（編）『原発事故の環境法への影響』（商事法務・二〇一三年）
関西大学社会安全学部（編）『東日本大震災　復興五年目の検証――復興の実態と防災・減災・縮災の展望』（ミネルヴァ書房・二〇一六年）
北村喜宣『自治体環境行政法〔第八版〕』（第一法規・二〇一八年）
行政法研究フォーラム「第一二回行政法研究フォーラム――東日本大震災と行政法(2)質疑応答」自治研究八九巻二号（二〇一三年）一八頁以下

桑原勇進『環境法の基礎理論――国家の環境保全義務』（有斐閣・二〇一三年）
幸田雅治「大規模災害から考える自治体防災体制の課題」政策法務Facilitator五三号（二〇一七年）二頁以下
国土交通省東北地方整備局『東日本大震災の実体験に基づく災害初動期指揮心得』（東北地域づくり協会・二〇一三年）
国土交通省都市局「東日本大震災の被災地における市街地整備事業の運用について（ガイダンス）」（国土交通省公式ウェブサイト・二〇一二年）
越野修三『東日本大震災津波　岩手県防災危機管理監の一五〇日』（ぎょうせい・二〇一二年）
災害救助実務研究会（編著）『災害救助の運用と実務――平成二六年版』（第一法規・二〇一四年）
同（編）『災害弔慰金等関係法令通知集――平成二六年版』（第一法規・二〇一四年）
災害対策法制研究会（編著）『災害対策基本法改正ガイドブック――平成二四年及び平成二五年改正』（大成出版社・二〇一四年）
災害対策法制のあり方に関する研究会会議資料（内閣府公式ウェブサイト・二〇一一年）
齊藤誠＝野田博（編）『非常時対応の社会科学――法学と経済学の共同の試み』（有斐閣・二〇一六年）
佐々木晶二『最新　防災・復興法制――東日本大震災を踏まえた災害予防・応急・復旧・復興制度の解説』（第一法規・二〇一七年）

島田明夫「東日本大震災にみる災害対策法制の課題」消防科学と情報一一二号（二〇一三年）一一頁参照。
下山憲治「災害・リスク対策法制の歴史的展開と今日的課題」法律時報八一巻九号（二〇〇九年）八頁以下
ジュリスト編集室「東日本大震災――法と対策」ジュリスト一四二七号（二〇一一年）
鈴木庸夫「大規模震災と住民生活」公法研究七六号（二〇一四年）六六頁以下
同「震災緩和と法治主義」自治総研四三六号（二〇一五年）五三頁以下
同（編）『大規模震災と行政活動』（日本評論社・二〇一五年）
政策法務研究会（編）『自治体法務サポート　政策法務の理論と実践』（加除式・第一法規）
高橋滋＝大塚直（編）『震災・原発事故と環境法』（民事法研究会・二〇一三年）
田中孝男「震災被災地・被災者の立ち直りを支援する――災害被災地支援条例のベンチマーキング」自治体法務NAVI四一号（二〇一一年）二八頁以下
田中孝男＝澤俊晴「活断層直上における条例による建築物の建築規制について――活断層直上建築規制条例のベンチマーキング」自治体法務NAVI五五号（二〇一三年）二〇頁以下
千葉実「震災における自治体等の取組み①②――東日本大震災・大津波を経験して」ガバナンス一二八号（二〇一一年）一〇四頁以下・一二九号（二〇一二年）一〇〇頁以下

同「災害廃棄物の処理責任の所在について――東日本大震災津波の際の岩手県の取組みを通じて」松岡勝実ほか（編）『災害復興の法と法曹』（成文堂・二〇一六年）二一三頁以下
同「災害対策における公助を自治体が中心となって担う理論的根拠」政策法務Facilitator五五号（二〇一七年）一〇頁以下
同「大規模災害等の対策と地方自治法上の事務委託」北村喜宣ほか（編）『自治体政策法務の理論と課題別実践――鈴木庸夫先生古稀記念』（第一法規・二〇一七年）一五三頁以下
津久井進『大災害と法』（岩波新書・二〇一二年）
内閣府『防災白書』平成二四～三〇年版（日経印刷・内閣府公式ウェブサイト・二〇一二～二〇一八年）
日本公法学会「災害と公法」公法研究六一号（一九九九年）
同「大規模災害と公法の課題」公法研究七六号（二〇一四年）
野田卯一『災害対策基本法――沿革と解説』（全国防災協会・一九六三年）
藤島光雄「災害対策法制と自治体の条例（上）（下）」自治実務セミナー六六二号（二〇一七年）五〇頁以下・六六三号（同年）四六頁以下
法学セミナー編集室『熊本震災と法・政治』法学セミナー七四九号（二〇一七年）
防災行政研究会（編）『逐条解説　災害対策基本法〔第三次改訂版〕』（ぎょうせい・二〇一六年）

前田定孝「日本災害法研究史（上）（中）（下）」三重大学法経論叢三一巻一号（二〇一三年）一頁以下・二号（二〇一四年）一三頁以下・三二巻一号（二〇一四年）三七頁以下
松岡勝実ほか（編）『災害復興の法と法曹――未来への政策的課題』（成文堂・二〇一六年）
松永桂子「東日本大震災と産業復興――中小企業の再生と支援政策」産業学会研究年報二八号（二〇一三年）一五頁以下
松本英昭『新版　逐条地方自治法〔第九次改訂版〕』（学陽書房・二〇一七年）
森英樹ほか（編）『三・一一と憲法』（日本評論社・二〇一二年）
山口道昭「市町村に対する都道府県の『補完』のあり方（一）（二・完）――岩手県の事例をとおして考える」自治研究九二巻七号（二〇一六年）二四頁以下、同巻八号（二〇一六年）一七頁以下
山崎栄一『自然災害と被災者支援』（日本評論社・二〇一三年）
陸前高田市『陸前高田市東日本大震災記録誌』（二〇一五年）

索　引

し

つ

て

と

な

に

ね

の

は

ひ

ま

み

や

ゆ

よ

り

わ

自治体災害対策の基礎
〈地方自治・実務入門シリーズ〉

2019年10月10日　初版第1刷発行
2019年12月30日　初版第2刷発行

著者　千葉　実

編者　北村喜宣
　　　山口道昭
　　　出石稔

発行者　江草貞治

発行所　株式会社 有斐閣
郵便番号 101-0051
東京都千代田区神田神保町2-17
電話（03）3264-1314〔編集〕
（03）3265-6811〔営業〕
http://www.yuhikaku.co.jp/

印刷・萩原印刷株式会社／製本・大口製本印刷株式会社

ISBN 978-4-641-22775-0